위험한 미디어, 안전한 문해력

위험한 미디어, 안전한 문해력

청소년과 교사를 위한 미디어 리터러시

오승용 지음

인물과
사상사

학교와 학원과 집을 쳇바퀴 굴리듯 살아가는 이 시대의 청소년들에게 미디어는 이 세상을 바라보는 거의 유일한 창窓, window이라 할 수 있습니다. 그런데 문제는 이 미디어라고 하는 창이 세상의 모습을 그대로 보여주는 완벽하게 투명한 창이 아니라는 것입니다. 이에 저자는 수년 간 수많은 초·중·고등학생을 직접 만나서 전달한 수업의 내용을 다듬고 다듬어 이 창의 사용법을 한 권의 책으로 정리했습니다. 미디어 리터러시를 처음 접하는 청소년들뿐만 아니라 이미 관심을 갖고 있는 독자들, 무엇보다 이들에게 미디어 리터러시를 가르치기를 원하는 부모와 교사들에게 강력히 추천합니다.

  – 이수인(아신대학교 교육미디어커뮤니케이션 학부 교수. 『미디어 리터러시 수업』 저자).

2020년, 오승용 PD를 처음 만나고 미디어 리터러시를 알았습니다. 그전에는 단지 쏟아지는 미디어의 이미지와 말들을 그저 받아들이기만 하는 학생들에게 어떤 교육이 필요할까? 라는 막연한 걱정만 했었는데 거기에 필요한 예방이자 백신이 미디어 리터러시라는 것을 알게 되었죠. 미디어는 이제 그저 보는 대상이 아니라 위험하고 다양한 공간이 되고 말았습니다. '되고 말았다'고 하는 이유는 미디어로 인해 다양한 나쁜 일이 일어나고 있기 때문이죠. 치고박고 싸우는 폭력이 아닌 미디어를 칼로 쓰는 폭

4

력이 이제는 학교폭력에서 점점 증가하고 있는 것이 바로 그 현상입니다. 하지만 강도 높은 처분을 내린다고 해서 이러한 일이 줄어들지는 않을 것입니다. 오승용 PD의 『위험한 미디어, 안전한 문해력』은 학생과 교사들에게 미디어에 휘둘리는 것이 아닌 미디어를 사용하는 주인이 되는 법을 안내하는 책입니다. 아무쪼록 많은 사람이 읽고 미디어의 노예가 아닌 미디어의 주인이 되기를 바랍니다.

— 김현진(강원특별자치도 철원교육지원청 장학사).

이 책은 일상에 밀접하게 맞닿아 있는 다양한 사례를 통해 미디어에 대한 올바른 접근법을 명쾌하게 제시합니다. 특히 '한 번 더 생각하기'와 '의도 찾기'라는 핵심 메시지를 통해 비판적 사고의 중요성을 강조하고 있습니다. 각 장을 넘길 때마다 독자들은 미디어 세계를 바라보는 새로운 관점을 발견하게 될 것입니다. 저자만의 독특한 시각과 풍부한 경험에서 비롯된 통찰이 눈부십니다. 청소년뿐만 아니라 미디어와 함께 살아가는 모든 이에게 이 책을 강력히 추천하는 이유입니다.

— 배기형(KBS PD/문화콘텐츠학 박사. 『AI 시대의 PD』 저자).

영상은 미디어를 통해 공기처럼 우리 주위를 감싸고 있습니다. 영상이 지닌 메시지는 활자보다 더 많은 영향을 줍니다. 글자를 익히기 전부터 미디어를 접하는 아이들은 무분별한 정보의 홍수 속에서 제대로 된 읽기를 하기가 어렵습니다. 미디어를 통한 메시지와 정보를 읽는 것은 참 쉽지 않습니다. 『위험한 미디어, 안전한 문해력』은 정보의 홍수 속에 미디어를 어떻게 읽고 풀어야 하는지 길라잡이가 됩니다. 실제 사례를 통해 읽어주듯 풀어주는 저자의 이야기를 듣다 보면 어느새 미디어의 이면에 숨겨진 이야기를 찾는 리터러시의 능력을 키울 수 있을 것입니다.

– 차승민(거창 창남초 교사. 『아이의 마음을 읽는 영화수업』 저자).

AI를 넘어서 챗 GPT로 생각을 정리하고 업무를 처리하는 최첨단의 시대. 동시에 AI 학폭과 딥페이크로 불안한 세상을 살고 있는 이 시대에 우리 아이들에게만 하는 미디어 리터러시 교육은 매우 부족한 실정입니다. 쏟아지는 미디어 홍수에 대한 불안감을 갖고 있는 학부모와 자녀가 함께 읽는다면 좋은 길잡이가 되어 줄 것입니다. 많은 사람이 함께 읽고 고민하고 대화를 나누는 기회가 되면 좋겠습니다.

– 김희진 학부모(『우리 가족은 학원 대신 여행 간다』 저자).

과연 내 장난으로 많은 사람이 피해를 받은 것을 잊을 수 있나? 단지 장난으로, 재미로, 잘 몰라서라는 이유만으로 모든 것이 용서되는 것이 맞을까? 라는 생각과 의구심, 살면서 한 번쯤 갖게 되는 궁금증. 이 책을 통해 평소에 궁금했던 점을 잘 알 수 있어 매우 좋다고 생각합니다.

- 지 건(마천초등학교 5학년 학생).

잠깐,
이 책 사용법

저는 학생들에게 강연을 시작할 때, '강사 사용법'을 먼저 알려줘요. 저의 장점을 최대치로 끌어 올리기 위해서는 "이러이러한 것을 해주세요~"라고 학생들에게 요청합니다. 하지만 여러분은 책을 통해 만나기 때문에 강사 사용법이 아닌 **이 책 사용법**을 알려줄게요.

때로는 제품 설명서를 읽지 않아도 편하게 제품을 이용할 수 있어요. 하지만 그 제품의 다양한 기능을 제대로 활용하고 싶다면, 그리고 안전하게 사용하려면 제품 설명서manual를 먼저 읽어두는 편이 좋습니다. 왜냐하면, 해당 제품을 만든 기업, 또는 사람이 그 제품을 가장 잘 알고 있기 때문이죠. 제품 설명서를 미리 보아두면 우리는 이 제품이 기존 제품과 어떤 점이 다른지, 어떤 장점이 있는지 알 수 있고, 사용할 때 주의할 점도 알 수 있어요. 저 역시 이 책을 읽는 분들에게 제품 설명서와 같이 이 책에 대한 사용법을 먼저 소개하려고 해요.

이 책은 총 3권의 시리즈로 구성될 것입니다. 책의 대부분의 내용은 실제로 제가 학생들을 찾아가 미디어 리터러시에 대해 교육한 것들입니다. 저는 2021년부터 2024년 현재에도 강원특별자치도의 초·중·고 학생들을 대상으로 진행한 '미디어 리터러시' 수업을 통해서 학생들이 미디어를 올바르게 사용하고 이해할 수 있는 교육 방법을 알리려고 노력하고 있습니다. 특별히, 저의 미디어 리터러시 교육에 참여한 학생들에게 받은 피드백을 교육에 반영하여 지속적으로 교육 내용을 업데이트 해왔습니다. 그렇기 때문에 여러분이 보고 있는 이 내용은 수많은 학생에게 검증받은, 진짜 진짜 최종 최최종 버전의 교육자료입니다.

2021년 처음으로 '미디어 리터러시' 교육을 시작했을 때, 몇몇 학생으로부터 내용이 어렵다는 이야기를 종종 들었어요. 학생들의 이러한 피드백을 받고서 저는 교육적 내용과 함께 재미있는 부분 그리고 공감할 수 있는 부분이 필요하다고 느꼈어요. 그래서 학생들이 듣기에 어려운 단어나 한자로 된 것들을 최대한 사용하지 않고, 쉽게 이해할 수 있는 글로 바꿨으니 어려움 없이 읽을 수 있을 거예요.

물론 쉽고 재미있게, 거기에 술술 읽히면서도 알찬 내용을 담는 글쓰기는 매우 어렵습니다. 저는 이 점을 잘 알기에 일반적인 글쓰기가 아닌, 제가 잘할 수 있는 강의식 말투로 쓰기로 했어요. 마치 제가 여러분 앞에서 강연하는 것처럼 "여러분"이라고 부를게요. 그리고 책 내용 중간중간에 여러분에게 질문도 자주 할 거예요. 그때마다 미디어 리터러시 수업을 받는다고 생각하고 여러분의 생각을 바로바로 말해주세요. 그러면 더 많이 배울 수 있을거예요.

'미디어 리터러시'라는 말이 어렵게 느껴질 수 있어요. 그래서 저는 학생들에게 미디어 리터러시는 "한 번 확인해 볼게"라고 말합니다. 제가 왜 이렇게 말할까요? 여러분이 보는 숏폼, 유튜브, SNS, TV는 여러분이 어떤 것을 좋아하는지, 어떻게 하면 여러분의 선택을 받을 수 있는지 잘 알고 있어요. 여기에 다양한 인공지능AI 프로그램까지 등장하면서, 올바른 선택을 하는 것이 더 어려워졌어요. 그래서 저는 여러분이 보이는 것을 있는 그대로 받아들이지 말고, 본인 스스로에게 "한번 확인해 보자"라고 "TIME OUT"을 외쳤으면 해요. 스포츠 경기에서 "타임"은 빠르게 진행되는 경기를 잠시 멈추게STOP 하잖아요. 이 잠깐의 시간은 더 좋은 변화로 이끌기 위한 시간입니다. 그래서 여러분이 미디어를 볼 때도 스스로 "한 번 확인해 보자"라고 TIME OUT을 외치면서, 미디어를 이전과는 다르게 비판적으로 보는 능력을 키워야 해요. 그 능력이 바로 미디어 리터러시입니다.

이 책은 미디어 리터러시를 소개하는 내용이지만, 다양한 리터러시 부분을 다뤘어요. 그 이유는 다양한 리터러시가 미디어를 통해서 소비된다고 생각했기 때문입니다. 그리고 이 책에는 17개의 이야기가 독립된 짧은 글로 되어 있으니 처음부터 읽지 않고, 원하는 주제를 먼저 읽어도 좋습니다. 물론, 처음부터 읽으면 더 좋습니다.^^ 또한 학생들을 생각하면서 썼지만, 학부모나 일반 성인들 그리고 학교 또는 교육기관에서 교육하는 선생님들이 먼저 읽고, 학생들 교육에 적용해도 좋을 것이라 생각합니다. 또한, 교육부의 '2022 개정 교육과정'에서 모든 교과에 미디어 리터러시를 연계하도록 한 것에 맞추어, 이 책이 도움이 되길 바라는 마음으로 썼습니다.

저는 이 책을 읽고 있는 여러분과 같은 장소에 있다고 상상하면서 글을 썼습니다. 마치 현장에서 대화하고 있는 듯한 생생함을 전달하고 싶었기 때문입니다. 더불어 무엇보다 올바른 정보를 제공해야 한다고 거듭 다짐하면서 제가 전달하려는 정보가 어떤 근거가 있는지 계속 확인하면서 이 글을 썼습니다. 제가 미디어 현장에서 일하면서 계속 공부하고 있음에도 불구하고, 실수나 오류가 있을 수 있습니다. 만일 그런 내용이 눈에 띄더라도 전체적인 맥락과 글 쓴 의도에 초점을 맞춰 주시고, 부디 넓은 마음으로 이해해 주시길 바랍니다.

마지막으로, 주의할 점이 있습니다. 제 말을 100% 신뢰하면 안 됩니다. '무슨 말이야?'하겠지만, 저는 책을 읽고 있는 여러분이 스스로 생각하도록 도와서, 책을 읽기 전before과 후after에 생각의 올바른 변화를 이끌어 내고 싶습니다. 흔히 상식이라고도 불리는 고정관념 또는 선입견과는 다른 시선으로 세상을 보는 능력을 키울 수 있도록 돕는 것이 이 글의 목적입니다. 이 목적을 달성하기 위해 저는 여러분이 다양한 관점에서 생각할 수 있는 상황들을 제시할 거예요. 그리고 글 중간 중간에 여러분의 생각과 의견도 자주 물어볼 거예요. 여러분이 왜 선택했는지, 왜 그렇게 생각하는지, 혹시 내가 알고 있는 것이 잘못된 것은 아닌지 등등 '한 번 더 확인하는 습관'이 필요한 이유를 다양한 사례를 통해서 설명할 거예요. 그래서 17개 이야기 끝부분마다 해당 이야기를 읽고 난 후 여러분이 느끼고 생각하는 것을 정리할 수 있는 공간을 만들었어요. 누구의 눈치도 보지 말고, 여러분의 솔직한 생각을 글로 표현해 주세요. 무언가를 알고 싶거나 올바른 변화를 원한다면 질문을 던져야 해요. 질문이 있어야 그에 맞는 답이 나오니까요. 질문을 받고 바로 답을 찾는 것보다 중요한 건, 여러분이 스스로 생각하는 시간을 충분히 갖는 것입니다.

저는 여러분이 이 책의 마지막 페이지까지 흥미를 가지고 읽어갈 수 있도록 최신 이슈와 심리학 그리고 행동경제학, 광고심리학, 도해력, UX/UI, 소비심리 등 다양한 이론과 사례를 통해서 이야기하려고 해요. 그러니 여러분이 이 책의 한 대목을 읽고 "아~ 이렇게도 생각할 수 있겠구나"라고 무릎을 치거나, 잠시라도 "아~"하면서 새로운 깨달음에 고개를 끄덕인다면, 그것이 저에게 큰 기쁨이 될 것입니다.

이제 시작해 보려고 해요. 혹시 이 책을 보기도 전에 '아마 이런 내용이겠지', '뻔한 소리하겠지'라고 생각한다면, 그 생각을 잠시만 내려놓길 바랍니다. 왜냐하면, 여러분의 마음이 닫혀있으면 제가 말하고자 하는 말들이 다 튕겨 나올 수 있으니까요. 뻔한 이야기가 아니라 낯설지만 흥미로운 이야기로 다가가도록 노력했으니 우리 함께 재밌게 시작해 봐요.

저는 여러분과 잘 연결되기를 소망합니다.

차 례

프롤로그

part 1

내가 알고 있는 게 아닐 수도 있네

part 2

이렇게도 생각할 수 있네

part 3

왜 자꾸 끌리는 걸까?

part 4

나보다 나를 더 잘 아는 것 같아

part 5

아는 것만으로 충분하지 않아. 행동이 중요해

프롤로그

"미디어는 메시지다"* 라는 아주 유명한 말이 있어요. 저는 이 말을 조금 바꿔서 "미디어는 하프파이프다"라고 말하고 싶어요. 제가 생각할 때, 미디어는 하프파이프와 많은 부분이 비슷하다고 생각해요. 여러분은 스노보드 하프파이프 경기를 본 적이 있나요?

스노보드 하프파이프는 경사가 있는 반쪽짜리 원통(U자 모양)에서 왔다 갔다 하면서 각종 공중 기술을 펼치는 스포츠입니다. 아마도 스노보드를 좋아하는 사람들은 한 번쯤은 도전해 보고 싶어서 하프파이프

● 캐나다 출신의 미디어 이론가 마샬 맥루한Marshall Mcluhan은 대표작 『미디어의 이해』에서 "미디어는 메시지다"라는 핵심 주제를 말하고 있어요. 이 뜻은 미디어의 종류에 따라서 그 의미도 달라질 수 있음을 나타낸 말이에요. 예를 들어 '달나라 여행 시작' 소식을 틱톡에서 봤을 때, 유튜브에서 봤을 때, 인터넷 뉴스에서 봤을 때, TV 뉴스에서 봤을 때, 각각 다르게 느껴질 수 있어요.

〈그림 1〉 2009년 3월 5일 일본 후쿠시마에서 열린 2009 FIS 프리스타일 세계 선수권 대회 이나와시로에서 하프파이프를 하고 있는 프랑스의 자비에 베르토니.[1]

가 있는 주위를 서성인 기억도 있을 거라 생각됩니다. 저 역시, 멀리서 볼 때 "나도 할 수 있겠는데"라는 자신감으로 근처까지 갔지만, 막상 하프파이프의 시작 지점에 서게 되니 너~무 무서워요.

　미디어 이야기를 하는 데 왜 동계스포츠인 하프파이프를 꺼냈을까요? 그건 매우 조심해야 한다는 점을 말하고 싶어서예요. 멋있어 보이지만 아무런 교육도 없이 시작했다가 큰 부상을 당하는 사람들이 꽤 있거든요. 그중 하나가 바로 저입니다. 저는 오랜 기간 스키장을 다니면서 스노보드를 탔기 때문에, 하프파이프도 별거 아닐 거라고 생각했어요. 그래서 "난 스노보드를 좀 타니까 이것도 탈 수 있을 거야.^^" 이런 단순한 생각으로 하프파이프를 생각했죠. 게다가 멋있고 대단해 보이는 하프파이프 공간에 서보고 싶기도 했고요. 그런데 막상 하프파이프의 출발 지점에 서니 엄청난 두려움이 생기더군요. 그래도 오랫동안 스노보드를 탔으니, 별로 위험하지 않을 거라고 믿었어요.

〈그림 2〉강원도 평창 휘닉스파크의 하프파이프 경기장.[2]

그렇게 저는 근거 없는 자신감만 가지고 하프파이프 공간 안으로 들어갔어요Drop in*. 눈 깜짝할 사이에 제 몸은 하늘로 부~웅~ 떴다가 그대로 쿵!!! 떨어졌어요. 그 순간, 하늘이 하얗게 변하고, 엄청난 아픔이 밀려왔어요. 그리고 그날 이후로 다시는 하프파이프 근처에도 가지 않았어요. 나중에 알게 된 건데, 저는 하프파이프 에티켓도 전혀 지키지 않았더군요.

제가 이렇게 설명하는 이유는, 위험한 상황에서도 안전하게 이용하려면 무엇이 필요한지 알려주기 위해서예요.

〈그림 2〉의 왼쪽 사진을 보면 하프파이프를 타려는 사람들이 대기하는 모습이 보이죠. 이 지점에서 출발하는 순서는 어떻게 결정될까요? 아무런 규칙 없이 마구잡이로 출발하게 된다면 더 위험할 수 있어요. 그래서 출발을 앞둔 사람은 '잠시 뒤 내가 출발할 거야'라는 신호로

● 드롭 인Drop in : 하프파이프 안으로 진입하는 기술

손을 들고는 주위를 둘러보아야 합니다. 이것은 "내가 잠시 뒤 하프파이프를 탈 거니까 다른 사람들은 잠시 뒤에 출발해"라는 메시지를 보내는 행위입니다. 그런 후, 앞에 출발한 사람이 일정 구간을 지나간 뒤에 다음으로 손을 든 사람이 뒤이어 출발하게 되어있어요. 저는 이런 규칙을 전혀 모른 상태에서 출발했으니 주변 사람들에게 어떤 불편을 줬을지 ⋯⋯.(죄송해요)

그리고 또 하나 중요한 것이 있습니다. 다양한 기술을 시도하는 익스트림 파크●는 스키장에서도 매우 위험한 곳입니다. 당연히 이곳을 이용하는 사람들은 다칠 수도 있다는 것을 알면서도 모험을 즐기기 위해 들어가는 거죠. 때문에 익스트림 파크 시설과 하이파이프를 이용하기 위해서는 '내가 다쳐도 스스로 책임지겠다'라는 서약을 해야만 입장이 가능해요.●● 그 서명을 한 후 〈그림 3〉에서 보는 것처럼 헬멧에

〈그림 3〉 익스트림 파크 입장 가능 스티커.

● 익스트림 파크는 스릴과 스피드를 즐길 수 있는 공간이지만, 위험할 수 있기 때문에 반드시 보호 장비를 착용해야 합니다.
●● 스키장별로 규정이 다를 수 있음.

인증 스티커를 부착하는데, 이것은 하프파이프나 익스트림 파크는 매우 위험한 곳이라는 의미이기도 합니다.

그렇다면 위험한 줄 아는데, 스스로 책임을 진다는 서약까지 하면서 왜 이 위험을 감수할까요? 아마도 하프파이프를 이용하는 분들은 전문가이거나, 평범한 슬로프를 내려오는 것이 이제는 너무 재미없고 밋밋하게 느껴져 더 짜릿하고 더 재미있는 것을 추구하는 사람들 같아요. 여러분은 이들이 왜 위험한 줄 알면서도 하프파이프를 타는 이유가 뭐라고 생각하나요?

조금 다르게 질문해 볼게요. 여러분이 스키장에 갔는데 저 멀리에서 하프파이프에서 멋진 기술을 하는 사람들을 봤다면 어떤 생각을 할까요?

① '멋있다' 그룹: 우와~ 어떻게 저렇게 할 수 있을까? 멋있다.
② '난 반댈세' 그룹: 저 위험할 걸 왜 할까?
③ '나도 해보고 싶다' 그룹: 나도 다음에 저거 해봐야지.
④ '평가자' 그룹: 나 저거 해봐서 아는데, 저 기술은 저렇게 하면 안 되지.

여러분은 어떤 그룹에 속하나요? 저는 '나도 해보고 싶다 그룹'에 있던 사람 중 하나였어요. 그래서 아무런 교육 없이 하프파이프를 무작정 탔다가 크게 다쳤지만요.

그래서 저는 하프파이프를 포기했을까요? 아니요. 저는 다시 하프파이프를 시작했습니다. 그 이유는 하프파이프를 잘 가르쳐 주는 코치님을 만난 덕분이에요. 그분에게 이론 교육을 받고, 하프파이프 안에서 지도를 받으면서 위험한 하프파이프를 안전하게 타는 방법을 배울 수 있었어요.

'위험하지만 안전하게'가 가능할까요? 네. 가능합니다. 다만 정확한 교육을 통해서만 가능합니다. 저는 그 코치님에게 하프파이프 에티켓부터 안전하게 타는 방법과 주의사항까지 배웠어요. 그런 후 저는 배운 대로 연습하고 또 연습을 했죠. 다시 만난 하프파이프는 제가 제어할 수 있는 영역이 되어서 안전하게 타고 내려올 수 있었어요. 물론 이전에 느끼지 못한 재미와 스릴도 느끼게 되었죠.

이 하프파이프 이야기와 미디어가 어떤 연관이 있을까요?

여러분이 많은 시간을 보내고 있는 유튜브, SNS, 틱톡, 넷플릭스, 카카오톡, 게임 등 미디어라고 불리는 곳이 마치 하프파이프와 매우 비슷하다고 저는 생각해요. 멀리서 바라보면 멋있고 화려해 보이지만, 아무런 교육도 받지 않은 상태에서 미디어를 이용하면, 예전에 제가 멋모르고 무작정 하프파이프에 가서 다쳤던 것처럼 여러분도 위험한 상황을 맞이할 수도 있어요. 그러나 여러분이 미디어에 관한 올바른 교육을 받는다면 위험할 수 있는 미디어 환경에서도 안전한 사용이 가능합니다. 이제부터 여러분이 안전한 미디어 사용을 위해 필요한 능력을 키우기 위한 도움을 주려고 해요. 미디어가 왜 위험할 수 있는지, 미디어를 사용하는 데 어떤 점을 더 생각해야 하는지, 그리고 여러분이 알고 있는 게 정확하지 않을 수 있다는 것을 알려주면서 미디어를 안전하게 이용할 수 있는 능력을 갖추도록 도와줄게요.

이 책의 작은 결론 ①: 나를 알자 (너 자신을 알라)

여러분은 "너 자신을 알라"라는 말을 알고 있나요? 이 말은 이 책에서 전달하고자 하는 한 줄 정리입니다.

여러분은 이 말의 뜻이 뭐라고 생각해요? '네 주제나 파악하고, 낄끼빠빠(낄 때 끼고 빠질 때 빠지는)해야지'라는 의미일까요? 상황에 따라서는 앞에서 말한 것처럼 표현할 수도 있겠지만, 이 말의 진정한 뜻은 **'네가 얼마나 알고 있고, 또 얼마나 모르고 있는지 스스로 확인해 봐'** 라는 뜻입니다. 즉 여러분이 아주 조금만 아는 내용이지만 친구들에게 "나 그거 알아"라고 말하는 건 아닌지 스스로가 체크 해봐야 한다는 거예요. 왜 스스로 체크 해봐야 할까요? 그건 바로 나는, 내가 제일 잘 알기 때문이죠.

여러분은 친구들이나 부모님과 선생님과의 대화 중에 "나 그거 알아요"란 말을 얼마나 자주 하는 것 같나요? 이런 말은 한 번쯤은 다 해봤겠죠. 그렇다면 여러분이 말한 "나 그거 알아요"는 정말 아는 걸까요? 진짜 아는 걸까요? 한 번 확인해 보죠.

여러분은 마술을 본 적이 있나요? 마술을 보면, 사람을 공중에 붕~ 뜨게 하거나, 순식간에 물건이 휙!휙! 이동하고, 없었던 물건이 뿅! 하고 갑자기 나타나는 것이 스스로 자기 눈을 의심할 정도로 너무나도 신기하죠. 그런데, 마술은 실제 현상이 아니라는 걸 여러분은 잘 알고 있죠. 마술은 마술사의 엄청난 노력과 드라마틱한 연출 그리고 화려한 효과로 구성된 멋진 공연이에요. 즉 마술은 진짜가 아닌 잘 만들어진 눈속임이겠죠. 그래서 마술공연을 볼 때, 많은 사람이 눈속임이나 트릭을 밝혀내려고 두 눈을 더욱 크게 뜨면서 주목하게 되죠. 그리고 "나는 속지 않을 거야"라는 마음으로 그 마술을 보게 됩니다. 그런데 이렇게 눈을 크게 뜨고, 좀 더 집중해서 바라본다고 해서 마술의 비밀을 풀 수 있을까요?

여러분이 TV에서 보는 마술사들은 프로마술사입니다. 그렇기 때문에 아무리 집중해서 본다고 해도 마술의 비법을 쉽게 찾을 수 없을 거예요. 만약, 여러분이 프로마술사의 공연을 보러 갔어요. 그리고 맨 앞자리에 앉았는데, 마술공연을 진행하는 마술사가 여러분에게 "이 마술은 어떻게 했을까요?"라고 질문한다면 뭐라고 말할 것 같나요?

"나 알 것 같아요", "그거 투명한 낚싯줄 사용한 거잖아요", "나 TV에서 비슷한 거 봐서 알아요", "나 유튜브에서 마술 비법 봤어요", "우리 엄마, 아빠, 형, 언니가 이런 마술 보여줘서 알아요" 등의 다양한 답이 나올 수 있겠죠. 또는 '알 것 같은데', '본 것 같은데', '들은 것 같은데'하며 고개를 갸웃거리겠죠. 만약 여러분이 이러한 반응을 했다면,

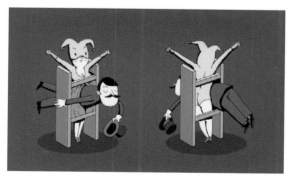

〈그림 4〉 관객의 시점과 마술사의 시점.[3]

이건 아는 걸까요? 모르는 걸까요?

이 책에서 말하고 있는 내용 중 대부분은 '내가 알고 있다고' 말하는 것입니다. 그런데 여러분은 정말 알고 있는 것이라 생각하나요? 여러분이 정말 알고 있다면, 여러분이 직접 그 마술과 동일한 결과를 보여줘야 해요. "이럴 것 같은데"는 아는 것이 아니겠죠. 여러분이 마술의 트릭(눈속임)을 알고 있다고 해도, 그건 매우 간단한 마술이거나 이미 마술 비법이 공개된 것들일 겁니다. 하지만 마술도 기술이 발전하면서 그 화려함과 신기함이 점점 더 업그레이드되어 이제는 관객들이 해당 마술의 트릭을 쉽게 알아채기 어려워졌어요.

그럼, 마술의 비밀은 어떻게 밝혀지는 걸까요? 가장 확실한 건, 해당 마술사가 자신의 마술 비법을 직접 알려주는 것입니다. 또는 그 마술을 같이 준비한 스태프나 마술 도구를 만든 빌더들이 공개하는 거겠죠. 이러한 상황을 제외하면 마술을 오랜 기간 해온 동료 마술사가 여러분이 궁금해하는 마술의 비밀을 풀어줄 수도 있을 거예요. 동료 마술사들은 마술의 과정과 트릭의 중요한 포인트를 정확하게 알고 있기에 마술을 알지 못하는 사람들에게 마술의 비법을 알려줄 수 있어요. 즉 알면 보이고, 아는 만큼 볼 수 있는 것도 더 많아지는 거겠죠. 그럼, 아는 만큼 더 보이고 들을 수 있는 사례를 한번 볼까요?

영화 〈블랙 팬서〉에서는 우리에게 친근한 부산이 등장합니다. 그리고 〈그림 5〉는 부산의 자갈치 시장에서 일하시는 아주머니와 여전사가 대화를 나누는 장면입니다. 부산 아주머니 역을 맡은 동양인 배우는 영화에서 한국어로 이렇게 말합니다. "사고 치기 좋아하는 애라고? 너

〈그림 5〉 마블 시네마틱 유니버스의 영화 〈블랙 팬서〉에 등장한 한국인.[4]

같이?"

　지금처럼 글로 보면 매우 자연스럽지만, 〈블랙 팬서〉 영화를 본 사람들은 이 장면에서 나오는 한국어 대사를 자막 없이 이해하기 어려울 거예요. 왜냐고요? 부산 아주머니 역할을 맡은 배우의 한국어 발음이 매우 부정확해요. 이 영화를 보는 도중에 "사고 치기 좋아하는 애라고? 너 같이?"라는 장면을 본 한국인이라면 금방 어색하다는 것을 알아챌 수 있어요. 여러분도 한 번 확인해 보세요(유튜브에서 '블랙 팬서 한국어'라고 검색하면 관련 영상을 볼 수 있어요).

　그런데 마블 시리즈는 전 세계적으로 유명한 시리즈잖아요. 그러면 아주 많은 국가에서 이 영화를 봤을 거예요. 그럼, 이 영화를 본 외국인들이 "사고 치기 좋아하는 애라고? 너 같이?"라는 말이 이상하다고 느꼈을까요? 아마도 한국말을 모르는 외국인들에게는 당연히 그걸 한국

말이라고 이해했을 거예요. 하지만 한국어를 사용하는 한국인은 바로 이상하다는 것을 느낄 수 있겠죠. 왜죠? 한국어를 잘 알기 때문이죠.

이 사례와 반대의 사례도 있어요. 〈코미디 빅리그〉와 〈SNL 코리아〉에서 강유미 씨가 일본어 같지만 일본어가 아닌 '한본어(한국어+일본어)'로 말하는 걸 본 적 있나요? 또는 JTBC의 〈아는 형님〉에서 이수근 씨가 중국어 같지만 중국어가 아닌 중국어를 하는 것을 본 적 있나요?

우리가 일본어나 중국어를 잘 알고 있다면 단번에 알 수 있겠지만, 해당 언어가 익숙하지 않은 외국인들이라면 잘못된 발음이나 어색한 표현을 눈치채지 못할 거예요. 이처럼 언어의 미묘한 차이는 해당 언어를 잘 아는 사람만이 쉽게 인지할 수 있어요. 이처럼, 여러분이 정확히 알고 있다면 더 잘 보이고 들릴 거예요. 하지만 제대로 알지 못하면, 잘못된 것조차도 알아차리지 못할 수 있어요.

그럼, 여러분이 자주 말하는 "나 알아"라는 것이 정말 아는 걸까요? 이제는 쉽게 "나 알아"라고 말하기 어렵겠죠.

우리는 본인 스스로를 알아보려는 노력이 필요해요. 그리고 일상생활 속에서도 보고 듣고 체험하는 것조차도 '내가 알고 있는 것이 아닐 수도 있겠구나'라 생각하는 것이 너무 중요해요.

여러분은 일본을 잘 아나요? 저 역시 일본을 잘 안다고 생각했어요. 일본을 한 번도 가보지는 못했지만, TV와 유튜브 그리고 SNS에서 일본 관련 내용을 자주 봤고, 친한 사람들을 통해서도 일본 소식을 자주 들었어요. 그래서 저는 일본을 잘 알고 있다고 생각했어요. 왜냐고요? 제 머릿속에 일본 하면 딱 떠오르는 이미지가 있었어요.

그런데 실제로 일본을 다녀오고 나서 깨달은 것은 그동안 제가 느끼고, 생각했던 것은 '마치 이럴 거야'라는 저만의 고정 관념Stereotype이었다는 사실이었어요. 아주 가까운 나라고 자주 보고 들어서 잘 안다고 생각했는데 실은 그게 아니었어요. '나는 일본을 알아'라고 생각했는데, 사실 모르는 거였어요.

이러한 저의 사례처럼 여러분에게 이 책에서 말하고자 하는 것은 그동안 내가 알고 있다고 생각한 것이 사실이 아닐 수도 있다는 점, 내 생각과 판단이 틀릴 수도 있다는 것 그리고 내가 알고 있는 것이 얼마큼 아는 것인지 또는 얼마나 모르고 있는지를 체크 해야 하는 이유에 대해서 다양한 사례를 통해서 이야기하려고 해요. 그리고 한 번 더 생각하고 말해야 하는 이유 역시 설명할 거예요.

세계적인 첼리스트인 장한나 씨는 첼로 연습을 하루 안 하면 다른 사람들은 모르겠지만 자신만은 안다고 말을 했어요. 다른 사람은 몰라도 나는 나 자신을 속일 수는 없잖아요. 장한나 씨처럼 자신의 상황을 알 수 있는 것 역시 노력과 연습이 필요해요. 그런데 이게 쉽지 않아요.

책 『클리어 씽킹』에서는 자기를 아는 것은 자신의 강점과 약점 그리고 자기가 할 수 있는 것과 못 하는 것, 자신의 능력의 한계, 자기가 무엇을 알고 무엇을 모르는지, 그리고 자기가 모르는 것을 모른다는 사실을 알아야 한다고 말해요.[5]

나를 아는 것이 생각보다 쉽지 않죠? 그래서 이제 그 어렵다는 '너 자신을 알라'에 대해서 이 책에서 이야기하고자 해요.

이제, 우리 자신을 알아보러 가요~.

이 책의 작은 결론 ②: 의도 찾기(왜 만들어졌을까?)

(두둥 둥~두두*계속) "범 내려온다~ 범이 내려온다~"

익숙한 멜로디죠. 이 신나는 리듬에 개성 있는 댄서분들이 춤추는 영상을 본 적이 있을 거예요.

〈그림 6〉 Feel the Rhythm of Korea: SEOUL[6]

이 영상은 한국관광공사가 기획한 영상이에요. 한국관광공사는 왜 이 영상을 만들었을까요? 가장 큰 의도는 외국인에게 흥미를 끌 수 있는 리듬과 댄스를 통해서 한국을 소개하는 것이겠죠. 이처럼 의도를 명확하게 알 수 있는 영상도 있겠지만, 반대로 조금 더 생각해야만 이해할 수 있는 경우도 있어요. 좀 더 생각해야 하는 사례를 볼게요.

〈그림 7〉은 숏폼(틱톡, 릴스, 숏츠)에서 유행했던 영상의 장면이에요. '다이슨 vs 플레이스테이션5'라는 제목으로 다양한 밈meme이 만들어졌고, 계속해서 새로운 버전이 나오고 있어요. 이 영상의 의도는 뭘까요?

〈그림 7〉 Dyson vs PS5.[7]

    이번에는 현실에서 볼 수 있는 사례를 말해볼게요. 여러분이 대형마트에 갔을 때, 어디선가 맛있는 냄새가 폴폴 나는 바람에 나도 모르게 그 시식 코너로 간 적이 있나요? 아주 노릇노릇하게 구워진 삼겹살을 무료로 먹고 가라고 하네요. 그리고 거리를 걷다가 몇 번은 무료이니까 편안하게 이용해 보라는 공유자전거나 전동 킥보드를 본 적 있나요? 아니면, 인터넷이나 애플리케이션App을 사용하다가 3일, 7일, 15일, 한 달 무료체험이라고 쓰여 있는 것을 본 적이 있나요?(〈그림 8〉) 이렇게 우리는 일상생활 속에서 '무료'라는 것들을 자주 볼 수 있어요. 그런데 이런 무료체험에는 의도가 있다는 것을 여러분은 알죠?^^

    여러분이 재미있게 보고 있는 영상에도 의도와 목적이 있어요. 한 번에 팍! 이해되는 영상도 있지만, 여러 번 보고, 좀 더 생각해야만 알

〈그림 8〉 마트의 무료시식 코너,
일정 기간 무료인 공유자전거,
무료 강의 이용(왼쪽부터).[8]

수 있는 것도 있어요. 때로는 "이게 뭐지?"라는 생각이 들게 하는 영상
에도 의도는 있어요. 좀 더 넓게 말하면 여러분이 보고, 듣고, 읽는 미디
어에는 의도가 있어요. 그렇기 때문에 좀 더 안전한 미디어 사용을 위
해서는 그 의도를 알아차리는 능력이 필요해요.

  그런데 왜? 힘들기도 하고, 귀찮을 수도 있는데, 우리는 왜 미디어
에서 의도를 찾아야만 할까요? "그냥 보면 되잖아요", "그걸 왜 해야 하
나요?", "굳이……" 등등 다양한 반대의 의견도 있을 수 있어요. 이러한
생각을 하는 사람들에게도 왜 미디어에서 의도를 파악해야 하는지를
마치 MBTI에서 슈퍼 T처럼 논리적이면서도, 때로는 슈퍼 F처럼 감성

적으로 설명하려고 해요. 그리고 발전된 형태의 광고와 인공지능AI 기술이 도입된 미디어에 대해서도 이야기하려고 해요.

이제, 다양한 실제 사례를 통해서 여러분이 '내가 알고 있는 게 아닐 수도 있구나'라는 생각을 해 볼 만한 것들을 이야기해 보려고 해요. 그리고 여러분 스스로가 앞으로는 "한 번 더 확인해 봐야겠다"라는 말이 나올 수 있게 해보려고 해요. 그러니 "이건 무슨 의도일까?"라는 생각하게 만드는 것이 저의 목적입니다. 이제 시작해 볼까요(시작한 거 아니었어?).

이 책의 작은 결론 ③: DO NOT LEAN(미디어에 기대지 않기)

'기대지 마시오'

이 문구는 엘리베이터를 탔을 때 또는 지하철에서 쉽게 볼 수 있죠(〈그림 9〉). 이 말 그대로, 문에 기대어 있다가 문이 열리면 다칠 수 있으니 조심하라는 의미잖아요. 그런데 저는 누군가가 '기대지 마시오' 문구에 '여자(남자)에게 기대지 마시오'라고 낙서한 것을 본 적 있어요.

이 낙서에는 기존 주의사항인 '기대지 마시오' 앞에 여자 또는 남자라는 말을 추가로 썼어요. 이러한 낙서를 보면서 (분명 낙서는 잘못된 행

〈그림 9〉 승객에게 주의를 당부하는 표지판.

동입니다) 저는 다른 버전의 '기대지 마시오'가 생각났어요.

바로 **'미디어에 기대지 마시오'**였어요. 왜 미디어에 기대지 말아야 하는 걸까요? 미디어는 여러분에게 다양한 정보도 줄 수 있지만 전적으로 기대면 안 됩니다. 왜냐면 미디어에서 알게 된 내용은 누군가의 생각이고, 누군가가 겪은 경험이고, 누군가가 열심히 노력해서 알게 된 결과입니다. 그리고 앞에서 본 것과 같이 의도가 있어요. 그래서 미디어에 무조건 기대는 행동은, 배움을 통해 성장해야 하는 여러분에게는 좋지 못한 결과를 낳을 수 있어요. 그러기에 미디어가 알려주는 수많은 정보를 확인도 없이 그대로 기댄다면 저는 이렇게 말해주고 싶어요.

"DANGER! Do not lean(위험! 기대지 마세요)"

제가 어릴 적에 어른들에게 자주 듣던 말 중 하나는 "어른이 되면 다 알 수 있어"였어요. 그 당시 어린 저에게는 제가 질문한 내용의 확실한 답도 얻지 못했고, 대답 같지도 않은 말을 들었을 때 너무 답답했어요. 빨리 어른이 되어 제 궁금증에 대한 대답을 알고 싶었어요. 너무 옛날이야기처럼 느껴질 수도 있겠지만, 그 당시에는 인터넷도 매우 느리고, 지금처럼 유튜브 채널이 활성화되지도 않았기 때문에 어른들의 말처럼 세월이 지나야 알 수 있는 것이 많았어요.

만약, 여러분이 누군가에게 질문을 했을 때 "어른이 되면 다 알 수 있어"라는 대답을 받았다면, 어떤 기분이 들까요? 아마도 처음부터 물어보지도 않았을 확률이 높겠죠. 왜냐하면, 바로 검색하거나 유튜브를 찾아보면 그 답을 얻을 수 있기 때문이겠죠. 그만큼 아주 쉽고, 간편하게 정보를 얻을 수 있어요. 그렇다 보니 많은 사람이 마치 척척박사처럼 "나 그거 알아요", "유튜브에서 봐서 알아요", "네이버에서 봐서 알아요"라고 말할 수 있어요. 그런데……그들이 알고 있다고 말하는 것이 본인 스스로 열심히 공부하고 노력한 결과가 아니라 누군가의 생각이고, 누군가가 공부하고 정리하고 체험한 것에 기대는 건 아닐까요? 혹은 틀린 정보일 수도 있지만 확인 없이 쉽게 믿고 기대는 건 아닐까요?

우리는 일상생활에서 생각보다 자주 누군가에게 기대고 있습니다. 여러분은 전문가의 말에, 가족-아빠, 엄마, 오빠, 형, 언니, 누나-들의 말에, 유튜버의 말에 쉽게 기대 본 적이 있나요? 내가 알고 싶은 내용을 친구에게 문자로 말하듯 입력하면 너무나도 똑똑하게 관련 정보를 알려주는 챗GPT나, 영어, 일본어, 중국어와 같은 새로운 언어를 마치 내 개인 통역사처럼 빠르게 알려주는 구글 번역, 파파고에 기대고 있지는 않나요? 아니면 우리가 평소에 사용하니까, 내 눈에 보이니까, 방송에 나왔으니까, 책에 쓰여 있으니까 식으로 검증을 받았다고 생각하면서 자연스럽게 기대고 있는 것 없나요?

그럼. 여기서 잠깐! 여러분은 동요 〈고향의 봄〉을 아나요? 이 노래를 안다면 같이 불러 볼까요?

나의 살던 고향은 꽃 피는 산골
복숭화 꽃 살구꽃 아기 진달래
울긋불긋 꽃 대궐 차린 동네
그 속에서 놀던 때가 그립습니다

다들 익숙하게 불렀을 거라 생각해요. 그런데 어색하거나 틀린 부분이 있다고 생각하나요? 아마도 많은 사람이 어색하다는 생각을 하지 못할 거예요. 그러나 분명 어색한 부분이 있습니다. "우리 말법으로는 '**내가** 살던 고향은 꽃 피는 산골'이 되어야 합니다. 이 노랫말을 쓰신 분도 이것이 잘못이 있음을 인정했지만 바꾸지 못했다고 합니다."[9] 이렇게 잘못된 노랫말이지만 오래전부터 우리는 불러왔고 교과서에도 나왔기 때문에 우리는 아무런 의심 없이 자연스럽게 받아들입니다.

무거운 짐을 들고 가야 할 때, 힘들고 지칠 때 잠시 벽에 기대면 편안함을 느낍니다. 그러나 자주 기대게 된다면 앞으로 나아가지 못해요. 우리 역시 누군가에게 기대게 된다면 스스로 생각하고 배우는 과정을 잃어버릴 수 있어요.

그렇기 때문에 여러분에게 왜 기대면 안 되는지 이제 설명하려고 해요. 그럼; 잠깐 생각하고 말해볼래요?

여러분은 어떤 것에 또는 누구에게 기대고 있나요?

part 1

내가 알고 있는 게 아닐 수도 있네

너 그거 알아?

본격적으로 시작하기 전에 몸풀기 퀴즈를 먼저 풀고 시작할게요(이제 진짜 시작입니다^^).

몸풀기 퀴즈

〈그림 10〉을 봐주세요. 뭐가 보이나요? 여러분이 보이는 대로, 생각나는 대로 말해보세요.

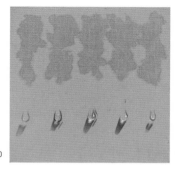

〈그림 10〉 이것은 무엇일까요?[10]

정답은 마지막에 알려줄게요(그 이유가 따로 있기 때문이에요).

새로운 퀴즈로 이어가 볼까요?

당신은 달리기 경주를 하고 있습니다.

2등인 선수를 앞질렀습니다.

그럼 당신은 몇 등일까요?

1등일까요? 아니요. 정답은 2등입니다. 2등인 선수를 앞질렀어도 당신 앞에는 여전히 1등이 있겠죠.

하나 더 풀어보죠.

영희의 아버지는 5명의 딸이 있습니다.

첫째는 일순이, 둘째는 이순이

셋째는 삼순이, 넷째는 사순이

다섯째 이름은?

오순이 일까요? 1번 문제보다는 한 번 더 생각해야 답을 알 수 있겠죠. 정답은 영희입니다. 너무 쉬웠나요? 앞의 두 문제는 인터넷에서 쉽게 찾아볼 수 있는 퀴즈입니다. 조금 난이도를 올려 보겠습니다.

세 번째 퀴즈

야구방망이와 야구공을 합친 가격은 1만 1천 원이다.

야구방망이의 가격이 야구공의 가격보다 1만 원 더 비싸다.

그렇다면 야구공 가격은?

(답을 말하고 아래의 글을 읽어주세요. '나는 계속~ 계산 중이야'라고 생각하면 아래로 내려가 읽어주세요~)

퀴즈 1, 2번과는 달리 조금 더 생각했겠죠. 야구공의 가격은 1천 원이…… 아닌 500원입니다. 혹시, '나는 이해가 안 된다', '못 믿겠다'라는 생각이 들면 아래의 해석을 봐주세요.●

그런데 이 문제의 답을 틀렸다고 해서 너무 창피해하지 않아도 됩니다. 왜냐하면 이 문제는 실수를 이끌어 내는 문제이기 때문입니다. 참고로 이 문제는 노벨경제학상을 받은 분의 책에 실린 문제인데, 세계

● 야구공 500원이면, 방망이는 10,500원 (1만 1천 원)
 야구공 1,000원이면, 방망이는 11,000원 (1만 2천 원)

적으로 유명한 하버드대, MIT, 프린스턴대학의 학생들도 50% 넘게 틀리는 문제[11]이니 너무 자책하지 않아도 괜찮아요.^^

하나 더 해볼까요? 〈그림 11〉의 글자들을 세 번 읽어보세요. 빨간색 파란색 주황색……

빨간색   **파란색**
주황색   **검은색**
노란색   **초록색**

〈그림 11〉 읽어 보세요 1.

3번씩 다 읽었나요? 글씨와 색까지 딱 일치하니 더 읽기 편한 것 같지 않나요? 그럼 〈그림 12〉의 글도 동일하게 세 번 읽어보세요. 어떤 느낌이 드나요?

주황색   **빨강색**
초록색   **파란색**
노란색   **검은색**

〈그림 12〉 읽어보세요 2.•

● 스트룹Stroop 효과.

약간의 어색함이 느껴지나요? 〈그림 11〉보다는 〈그림 12〉를 읽을 때 조금 느려졌다는 느낌을 받을 수 있어요. 이것은 우리의 뇌가 이전의 경험한 것을 기준으로 하고 있다는 것을 알 수 있는 부분이에요. 우리 뇌는 경험해 보지 못한 상황을 겪을 때는 약간의 버퍼링 같은 현상이 나타날 수 있어요.[12]

마지막으로 하나만 더 물어볼게요. 〈그림 13〉에 골든 리트리버 강아지들이 보이죠. 눈밭에서 장난치는 모습이 너무 귀여워 보여요. 제가 예전에 키웠던 강아지가 생각날 만큼 너무 예쁘네요. 여러분이 보기에는 어떤가요?

그런데 그거 아세요? 여러분이 보는 〈그림 13〉의 강아지는 AI가 만든 영상입니다. 챗GPT를 만든 회사에서 이제는 간단한 문장만 입력하면 영화 같은 멋진 영상이 뚝딱 만들어진다고 해요. 이 강아지 영상은 아래에 있는 간단한 명령어로 만들어졌어요.

〈그림 13〉 눈밭의 골든 리트리버 강아지들.[13]

눈 속에서 놀고 있는 골든 리트리버 강아지들. 눈을 뒤집어쓴 강아지들
A litter of golden retriever puppies playing in the snow.
their heads pop out of the snow

그렇다면 저는 왜? 책에서 가장 중요한 맨 앞부분에 너무 쉬운 퀴즈
와 뇌의 특성 그리고 AI가 만든 영상을 소개한 걸까요? 그건 바로 숨은
의도가 있기 때문이죠. 저는 여러분이 충분히 생각해 보지 않고 빨리빨
리 답하면 안 된다는 것을 말해주고 싶었어요.

우리는 어느 순간부터 '빨리빨리'를 좋은 것처럼 받아들이고 있는
것 같아요. 빨리 말하면 똑똑하고, 빨리 대답하면 더 많이 아는 것처럼
느껴지나요? 그렇다면 우리는 왜 깊이 생각하지 않고 빨리빨리 대답
하고 말하려고 하는 걸까요? 충분히 생각하지 않고 빨리빨리 대답하는
것이 매우 위험하다는 걸 아나요?

이런 유명한 말이 있어요. "인생은 BCD이다." 이 말은 우리는 태어
나서Birth 죽는Death 순간까지 끊임없이 선택Choice을 해야 한다는 뜻이
에요. 건강을 위해 아침을 먹을까? 귀찮으니까 먹지 말까?, 게임이 재
미있으니 숙제를 하지 말까? 그래도 해야 할까? 거짓말을 할까? 말까?
이렇게 우리는 매일매일 수많은 선택을 하고 있어요. 그런데 선택에 따
라 자기 인생이 달라질 수 있다면 쉽게 선택할 수 있을까요? 이제 여러
분이 끊임없이 해야 하는 선택의 순간에서 어떤 것을 주의해야 하는지
다음 글에서 함께 알아봐요.

아, 맞다. 몸풀기 퀴즈 정답을 알려줘야겠죠.^^ 몸풀기 퀴즈 정답은

〈그림 14〉에서 볼 수 있듯이 김창열 화백(화가)의 작품 〈물방울〉이었어요. 김창열 화백은 물방울과 빛을 마치 사진으로 찍은 것처럼 섬세하고 세밀하게 표현한 작가로 매우 유명해요.

〈그림 14〉 김창열 작가의 〈물방울〉 작품.[14]

여러분은 맞췄나요? 아니면 틀렸나요? 이 퀴즈는 여러분이 보는 것이, 알고 있다고 생각하는 것이 틀릴 수도 있다는 것을 알려주고자 낸 문제입니다. 이 점을 이해했으면 좋겠어요. 그러니까 충분히 생각하지 않고 빨리 대답하면 안 되겠죠~. 너무 뻔하다고 생각하는 것조차도 한 번쯤은 더 생각해 보면 어떨까요?

여러분은 앞의 글을 읽고, 어떤 생각이 들었나요?
(간단한 문장이라도 좋으니, 여러분의 생각을 글로 써 보세요. 단, 완벽한 문장이 되도록 써 보세요)

예시) ①나는 이번 '너 그거 알아' 이야기를 보고, 그동안 나도 확인하지 않고 빨리빨리 대답하려고 했던 것 같다.

앞의 글은 제가 앞에서 말한 3가지 작은 결론 중에 어느 것을 말하려고 했을까요? 여러분의 선택과 그 이유를 적어 보세요
(정답은 없으니, 여러분의 생각을 자유롭게 적어 보세요)
(①나를 알자(너 자신을 알라), ②의도 찾기(왜 만들어졌을까?),
③미디어에 기대지 않기)

예시) ①나를 알자(너 자신을 알라) / 그 이유는 내가 알고 있는 것이 틀릴 수도 있다는 것을 알게 됐다.

질문의 힘

앞의 글을 읽고 난 후 떠오르는 질문을 5개 만들어 보세요.
질문의 대상은 글을 쓴 작가, 부모님, 친구, 또는 자신에게 할
수 있어요. (여러분의 질문을 통해 미디어를 보는 능력은 level up,
up, up!)

예시) 이 글 쓴 작가의 의도는 뭘까?

이게 말이 돼?

여러분, 그거 알아요? 실제 살아 있는 사람을 내가 원하는 행동이나 모습으로 만들 수 있다는 걸요. 현실에서 안 되겠지만, 여러분이 볼 수 있는 동영상과 이미지에서는 가능해졌어요. 예를 들면, 교황, 대통령, 연예인과 같은 유명한 사람부터 SNS에 올라온 일반인의 사진까지 조작할 수 있게 되었어요.

만약에 누군가가 나쁜 의도를 가지고 만든 조작된 영상이나 사진이 SNS나 유튜브를 통해 순식간에 빠르게 퍼져 나간다면 어떤 문제가 발생할까요? 그건 바로, 많은 사람이 조작된 사진이나 영상을 진~짜라고 믿는 문제들이 발생해요.

〈그림 15〉는 AI로 만든, 교황의 조작된 이미지입니다. 패딩을 입고 입는 모습은 너무나도 진짜 같지 않나요? 이렇게 사실적으로 만들어진 이미지를 여러분에게 보여준다면 여러분은 믿을 것 같나요? 아니면 의

심할 것 같나요? 우리 눈에 보이는 시각 정보는 우리의 판단에서 굉장히 중요한 역할을 해요. 여러분은 어떤 선택을 할 건가요?

〈그림 15〉 실제 모습이 아닌, 교황의 다양한 합성 이미지.[15]

2022년 미국 콜로라도 주립박람회의 미술대회(디지털 아트·디지털 합성사진 부문)에서 AI가 그린 이미지가 1등이 되었어요. 이 작품의 제목은 〈스페이스 오페라 극장〉인데, 미드저니라는 생성형 AI를 이용해서 만들었어요. 그런데 이 작품은 "AI가 만들었는데 상을 받았어?"라는 반응과 함께 "AI가 만들었는데 너~무 잘 만들었다"라는 반응이 엇

갈리면서 언론의 주목을 받았어요. 그러면서 이와 관련된 뜨거운 논쟁이 시작되었어요. 과연 이것을 예술로 인정할 수 있는가, 붓 한번 칠하지도 않고, AI가 뚝딱 만들어 낸 것을 창작물이라고 해야 하는가라는 비판적인 의견이 나왔어요. 반대 의견으로는 AI 프로그램을 사용해서 그림을 만들려면 아주 세밀한 정보까지 명령어로 입력해야 하는데 〈스페이스 오페라 극장〉은 아주 구체적인 명령어로 만들어진 결과물이며, 창작자가 여러 번의 시도 끝에 얻은 결과물인 만큼 이것은 작가의 창의력이라는 의견도 있었어요. 여러분은 어떤 의견이 맞다고 생각하나요?

〈그림 16〉 AI가 그린 그림 〈스페이스 오페라 극장〉.[16]

　이러한 AI로 만든 이미지 활용은 점차 다양한 분야로 확대가 될 거예요. 여러분은 사진 보정할 때 사용하는 포토샵 프로그램을 아나요? 한 번쯤은 들어봤을 포토샵 프로그램을 만든 회사가 바로 어도비 Adobe입니다. 어도비는 2023년 10월에 기술 발표회에서 '디지털 인터랙티브 드레스'(〈그림 17〉)를 선보였어요. 어도비 연구원인 여성이 무대에 등장해서 버튼을 누름과 동시에 AI로 만들어진 다양한 패턴의 이미지가 그녀의 드레스에 반영되는 모습에 그곳에 참석한 수많은 사람이 환호했어요. 너무 놀랍죠.

〈그림 17〉 '어도비 맥스 2023' 콘퍼런스에서 공개된 디지털 인터랙티브 드레스.[17]

이러한 사례처럼 앞으로 AI 생성 이미지는 다양한 산업과 기술에 접목이 될 거예요. 그런데 그 발전이 너무 빠르게 진행되고 있어요. 그러다 보니 AI가 만든 이미지는 우리가 자주 사용하는 SNS나 유튜브에서도 쉽게 볼 수 있어요. 그리고 〈그림 18〉처럼 사람이 아닌 AI 앵커가 진행하는 뉴스도 등장했어요. 이뿐만 아니라 기자처럼 뉴스 기사를 작성하고, 기상캐스터처럼 날씨도 소개합니다. 이렇게 갈수록 발전되는 기술과 더불어 살고 있는 여러분은 어떤 생각을 가져야 할까요?

'내가 보고 있는 것도 한 번쯤 더 생각해 봐야겠구나'라는 생각을

〈그림 18〉 AI 앵커(2021년 4월 15일, YTN [뉴있저] 변상욱 AI 앵커를 만나다).[18]

가졌으면 좋겠어요. 이러한 AI의 사례 외에도 실제 실험을 통해서 우리가 보는 것의 문제점을 확인한 연구가 있어요.

미국의 인지심리학자 크리스토퍼 차브리스와 대니얼 사이먼스는 '보이지 않는 고릴라' 실험을 했어요. 검은색 상의를 입은 그룹과 흰색 상의를 입은 그룹으로 나누고 같은 팀끼리 농구공을 패스하도록 했습니다(〈그림 19〉). 이 실험에 참가한 사람들에게는 흰색 옷을 입은 그룹이 농구공을 몇 번 패스하는지 세어보라는 과제를 주었습니다. 당연히 실험에 참가한 학생들은 농구공이 몇 번이나 패스되고 있는지에 집중했죠. 실험이 진행된 1분간의 영상을 보면 흰색 옷을 입은 사람들은 총 16번의 패스를 합니다.

실험에 참가한 사람들 중 16번 패스를 한 것을 맞춘 사람들이 많이 있겠죠. 하지만, 이 실험의 진짜 목적은 농구공을 몇 번 패스하는지 파악하는 것이 아니었어요. 연구자들이 진짜 알고 싶었던 것은 실험 중간에 조용히 고릴라가 등장하는데(〈그림 20〉) 실험 참가자들 중 몇 사람

〈그림 19〉 '보이지 않는 고릴라' 실험 영상에서 농구공을 패스하는 모습.

이나 이를 봤는지 또는 못 봤는지 알아보려는 실험이었어요. 그런데 이렇게 간단한 실험을 왜 했을까요? 너무나도 당연한 결과를 얻는 실험이었을까요? 과연 뻔한 결과를 얻었을까요?

공을 패스하는 영상이 끝난 후 고릴라(약 9초 등장)를 본 사람을 확인해 보니, 절반만이 고릴라를 봤다는 결과가 나왔어요. 믿어지나요? 저 역시 학교에 가서 학생들을 대상으로 이 영상을 보여준 결과, 대부분의 학생은 고릴라를 보지 못한다는 것을 확인했어요.

그런데 왜 이런 현상은 벌어질까요? 이 실험을 통해서 우리가 알게 된 것은, 대부분 사람은 자신이 보고 싶은 것만 보려는 특성이 있다는 사실입니다.● 만약 어떤 한 가지에 집중하면, 주의를 기울이지 않았던

● 무주의 맹시inattentional blindness : 주변에 다른 것들이 있어도, 내가 집중하고 있는 것만 보이고 나머지는 보지 못하는 현상.

51

〈그림 20〉 '보이지 않는 고릴라' 실험 중에 잠깐 등장한 고릴라.[19]

대상이나 사물은 보이지 않을 수 있다는 거예요.

이는 우리의 뇌가 수많은 정보를 모두 처리할 수 없기에 특정 정보에 집중하게 되는데, 이것을 심리학 용어로 '선택적 주의'라고 해요. 우리가 집중하고 있는 것에는 주의를 더 기울이다 보면, 주변의 다른 정보를 놓치게 되는 거죠.

이번 장에는 AI가 진짜 같은 이미지를 만들고 있다는 것과, 눈 앞에 있는 것도 제대로 볼 수 없는 우리 뇌의 특성도 알아봤어요. 그럼, 이제 누군가가 여러분에게 "내가 봤어", "내 두 눈으로 똑똑히 봤어"와 같은 말을 한다 해도, 그걸 아무런 비판 없이 믿으면 안 된다는 사실을 인정하겠죠. 우리가 본 것도 역시 그대로 믿으면 안 되겠죠. 우리는 한 번 더 확인하는 절차가 필요해요. 아직 공감이 안 되나요? 사례를 하나 더 들어볼게요.

〈그림 21〉은 북극곰입니다. 이 북극곰의 털 색은 무슨 색일까요?

〈그림 21〉 북극곰.[20]

그리고 이 북극곰의 피부색은 어떤 색일까요? 너무 쉽죠?

너무 쉬운 문제인가요? 눈에 보이는 그대로 털과 피부색은 당연히 흰색이겠죠. 그렇게 생각했나요? 진짜 그렇게 생각하나요? 정말로요?

사실은 북극곰의 털은 투명하다고 해요. 피부는 검은색이라고 합니다. 캐나다의 환경보호 교육단체 '어스레인저earthranger'에서 최고의 과학자분들과 함께 연구한 결과 북극곰의 털은 투명한 색이라는 것을 알아냈어요.[21] 북극곰의 털들은 가운데가 뻥 뚫려있는 투명 빨대와 같이 생긴 구조라고 해요. 태양의 빛이 북극곰의 털 속에 갇히거나, 일부는 털 속으로 들어가서 다시 튕겨 나오는 과정에서 흰색을 나타낸다고 해요.

눈에 보이는 것, 당연하다고 생각하는 것을 다시 한번 더 확인하는 것은 결코 쉬운 일이 아니에요. 하지만, 이러한 노력을 한다면 여러분이 좀 더 올바른 선택을 하는 데 도움이 될 거예요. 특히, 내가 알고 있는 게 아닐 수도 있다는 생각으로 세상을 보게 된다면 기존에 볼 수 없던 것도 볼 수 있을 거예요. 그런데 이렇게 생각하는 것은 쉽지 않겠죠. 그래서 제가 여러분이 쉽게 따라 해볼 수 있는 방법을 알려줄게요.

그건 바로, '**너 낯설다**' 방법입니다. 예를 하나 들어볼게요. 여러분에게 엄청 친한 동생이 한 명 있어요. 그 동생은 나에게 무조건 잘해줘요. 그리고 내 말도 너무 잘 듣고, 나를 엄청 좋아하는 그런 동생입니다. 그래서 때로는 내가 그 동생을 너무 편하게 생각한 나머지 화도 내고, 짜증도 낼 때도 있었어요. 그래도 그 동생은 언제나 나를 이해해 줍니다. 그럼 여러분은 이 동생을 어떻게 생각할 것 같나요? 한번 생각해 보세요.

그런데 어느 날부터 그 동생이 나에게 말도 걸지 않고, 나를 피하고 있어요. 이상하죠. 그럼 여러분은 어떻게 생각할 것 같나요? '내가 알던 아이가 아니잖아. 낯설다 너!'

낯설다, 너

이렇게 생각해 보는 건 어떨까요? 이전에는 나에게 너무나도 잘해 주던 아이라서 나는 그 동생에 대해서 다 안다고 생각할 수 있었겠지만, 기존에 보지 못한 모습에 당황하면서 그 동생의 새로운 면을 확인할 수 있겠죠.

또 다른 예를 들어볼게요. 여러분은 신데렐라 이야기를 잘 알고 있죠. 이 동화의 끝은 "신데렐라는 멋진 왕자님과 행복하게 살았습니다"로 내용은 마무리가 됩니다. 이런 스토리는 이제 여러분에게는 너무나도 뻔하고 다 아는 내용이라고 생각할 수 있어요. 그래서 여러분이 새로운 드라마가 나왔을 때, 1회를 딱 보고는 "이거 완전 신데렐라 스토리네"라고 생각할 수도 있어요. 이런 생각이 들면 해당 드라마는 뻔한 스토리라 생각하고 다시는 안 보겠죠. 그건 바로 여러분이 신데렐라 스토리를 다 알고 있다고 생각하기 때문이겠죠. 그렇기 때문에 영화나 드라마를 만드는 사람들은 여러분이 뻔하다고 생각하는 것을 낯설게 만들려고 노력할 거예요. 예를 들면 이런 식으로요. 신데렐라의 옆집에 백설공주가 살고 있다면? 신데렐라가 결혼 이후 품위 있고 우아한 왕족의 삶에 적응을 하지 못한다면? 신데렐라가 유튜브 채널을 만들었다면?

자, 동일한 신데렐라가 나오지만 이제 여러분은 기존의 뻔한 스토리라고 인식할 수 없겠죠. 이렇게 조금만 내용을 추가하거나 형식을 바꾼다면 전혀 다른 모습을 볼 수 있어요.

여러분의 뇌는 자기가 알고 있는 것에는 빠른 선택을 하도록 세팅이 되어 있어요. 그렇기 때문에 잠시 생각할 시간을 갖기 위해서는 좀 더 다른 시선으로 바라봐야 해요. 갈릴레오, 아인슈타인, 다윈도 그들이 살던 그 시기에 많은 사람이 너무나도 당연하게 생각하는 것을 그대로 받아들이지 않고 새로운 시각에서 바라봄으로써 역사적인 큰 발견을 할 수 있었어요. 이렇듯 당연하게 바라보지 않는, 그리고 새로운 시선에서 바라보는 과정을 통해서 여러분의 삶에도 큰 발전을 이룰 수 있을 거예요.

이번 장에서는 내가 본 것을, 또는 누군가가 본 것을 그대로 받아들이면 안 된다는 점에 대해 이야기를 나누었어요. 이렇게 한 번 더 생각하는 행동 습관은 일상생활에서 자주 실행에 옮겨야 해요. 특히, 여러분이 자주 보고, 듣는 미디어에서는 좀 더 비판적인 생각으로 바라봐야 해요. 왜냐하면 미디어는 매우 발전된 방송기술을 사용하고 있고, 연출과 효과를 통해 여러분의 눈을 쉽게 속일 수 있어요. 그리고 연출자가 의도하는 대로 여러분의 생각에 영향을 미칠 수 있어요. 그렇기 때문에 미디어를 볼 때는 항상 한 번 더 생각하고, 확인하는 습관을 들여야 해요.

누구에게나 처음 시작은 어렵습니다. 그리고 자연스럽지 못할 수 있어요. 그리고 '이걸 꼭 해야 해?'라고 생각할 수도 있어요. 하지만 이러한 노력을 통해 여러분은 스스로 미디어를 분별할 수 있게 될 거예요. 처음부터 미디어 분별사가 될 수는 없잖아요. 첫 만남과 첫 시도는 누구에게나 어려워요. 우리 이제 첫 시도를 해보려고 해요. 시작할 준비가 되었죠?^^

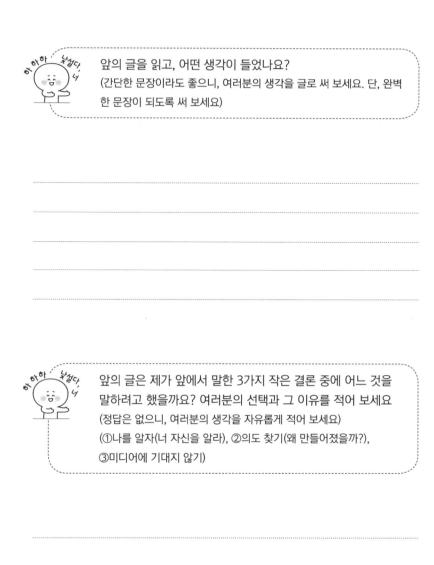

앞의 글을 읽고, 어떤 생각이 들었나요?
(간단한 문장이라도 좋으니, 여러분의 생각을 글로 써 보세요. 단, 완벽한 문장이 되도록 써 보세요)

앞의 글은 제가 앞에서 말한 3가지 작은 결론 중에 어느 것을 말하려고 했을까요? 여러분의 선택과 그 이유를 적어 보세요
(정답은 없으니, 여러분의 생각을 자유롭게 적어 보세요)
(①나를 알자(너 자신을 알라), ②의도 찾기(왜 만들어졌을까?),
③미디어에 기대지 않기)

질문의 힘

앞의 글을 읽고 난 후 떠오르는 질문을 5개 만들어 보세요. 질문의 대상은 글을 쓴 작가, 부모님, 친구, 또는 자신이 될 수 있어요. (여러분의 질문을 통해 미디어를 보는 능력은 level up, up, up!)

말이 되지, 왜 안돼?
라떼는 말이야

"나 때는 말이야~", "아빠가 어릴 때는 말이야~", "엄마가 네 나이 때는 말이야~"……

Latte   is   Horse

내가 해봐서 아는데~

〈그림 22〉 나 때는 말이야.[22]

　여러분은 이런 말 들어보셨나요? '라떼는', '나 때는 말이야'라고 하면 꼰대라는 말을 듣기도 하죠.^^ 그런데 왜 많은 어른은 이런 말을 하면서 여러분에게 한~참 설명할까요?

대체로 "나 때는 말이야" 이 말은 자신보다 어린 사람에게 또는 자신보다 적은 경험을 가진 사람에게 자기 경험을 자랑(?) 삼아 충고하려 할 때 쓰죠. 그리고 내 경험상 "내가 너와 같은 상황에 있었다면 잘 해냈을 거야"라는 생각으로 말하곤 합니다.* 그렇다면, '나 때는'을 말하는 사람들의 그 경험은 믿어도 될까요? 과연 그들이 말하는 엄청나고 화려한 경험담은 진짜일까요? 이것도 잠시 확인해 보죠. 왜냐하면 내가 직접 그 '나 때는 말이야'의 영웅담 같은 그 현장을 본 것도 아닌 데다가 동일한 상황을 보더라도 사람에 따라 다르게 이해할 수도 있기 때문이죠.

여러분은 "나 때는 말이야"라는 말을 주로 어디서 듣게 될까요? 아마도 방송이나 유튜브, 틱톡 등 각종 영상에서 "나 때는 말이야"라는 장면이 봤을 거예요? 아마도 여러분이 본 콘텐츠의 내용은 회사에서 직장 선배가 후배에게 자신이 신입사원일 때 매우 힘들었던 회사생활을 들려주면서, 남자들이 입대를 앞둔 청년에게 자신의 군대 이야기를 말하면서, 연세가 많은 어르신이 젊은 청년들의 행동과 패션을 나무라면서 "나 때는 말이야"로 시작하는 영상을 한 번쯤은 봤을 거예요.

그럼, "나 때는 말이야"를 강조하면서 말하는 그 내용들은 과연 믿을 만한 정보일까요? 제가 이 책의 처음부터 끝까지 계속 강조하는 말은 확인하고 또 확인하라는 거예요. 그러기 위해서 "나 때는 말이야"를 분석해 봐야겠죠.(이제 슈퍼 T처럼 말해볼게요^^)

● 자기 효능감: 내가 어떤 상황에서도 잘 해낼 수 있다는 기대와 자신감.

첫째, 앞에서 설명한 '고릴라 실험'에서 보았듯이 우리는 동일한 것을 보더라도 내가 보고 싶은 것만 본다는 것을 알았어요. 그리고 아무리 시끄러운 장소에서도 내 친구와 가족 등 내가 대화하고자 하는 사람들의 소리를 선택해서 들을 수 있어요. 이것을 칵테일 파티 효과라고 하는데요. 사람들이 너무 많아 시끄러운 공간에서도 여러분이 친구와 대화를 이어나갈 수 있는 건 바로 본인이 듣고 싶은 소리는 더 집중해서 들을 수 있기 때문이에요. 즉 우리는 보고 싶은 것을 보고, 듣고 싶은 것을 들을 수 있는 능력이 있기에 이런 측면에서 어른들의 "나 때는 말이야"의 경험도 이처럼 기억하고 싶은 것만 기억하는 경우가 아닌지 확인해 봐야 해요.

둘째, 우리의 기억은 불완전해요. 앞의 사례처럼 우리는 보고 싶은 것만 보고, 듣고 싶은 것만 들을 수도 있어요. 그리고 추가로 우리 뇌는 내가 믿고 싶은 것만 기억할 수도 있어요. 즉 의도하지 않더라도 여러분의 기억이 조작되고 왜곡될 수도 있다는 거죠. 왜냐하면 여러분의 뇌 속 기억 공간은 한정적이에요. 모두 다 기억할 수는 없어요. 그렇기 때문에 인간은 자신의 경험에서 세부적인 내용을 삭제하는 경향이 있는데 그것은 용량의 한계가 있기 때문이에요.[23] 이처럼 기억은 여러 개의 작은 조각처럼 되어있어서, 자기가 믿고 싶은 대로 각기 다른 조각들을 모아서 재구성할 수도 있어요.* 특히 내가 기억하고 싶지 않은 순간을

● 오정보 효과misinformation effect—엘리자베스 로프터스: 잘못된 정보가 기억에 영향을 미쳐, 원래의 기억이 왜곡되거나 다르게 인식하게 하는 것. 마치 실제로 일어나지 않은 일도 사실처럼 기억하게 되는 현상.

겪은 후에는 트라우마(외상 후 스트레스)로 인해 기억이 사라지거나 왜곡될 수도 있어요.

셋째, 우리의 기억은 이미지에 바탕을 두고 있어요. 이 말은 우리가 일상생활을 하면서 다양한 것을 체험하고 경험하고, 느끼는 것들을 통해 서로 다른 이미지가 연결되어서 나타난다는 뜻이에요.[24] 여러분이 마셔 본 '포카리 스웨트'란 이온음료 광고를 생각해 보면 이해가 빠를 거예요. 포카리 스웨트 광고는 파란색 하늘과 바다 그리고 자전거를 타는 여성의 모습으로 매우 유명해졌어요. 그래서 이 광고의 촬영 장소인 그리스(산토리니)를 생각하면, 포카리 스웨트를 떠올릴 수 있어요. 반대로 포카리 스웨트를 생각하면, 푸른 바다, 자전거 타는 여성, 산토리니를 떠올릴 수 있어요. 이처럼 우리가 기억하는 것이 혹시, 내가 본 드라마

〈그림 23〉 세계적 관광지인 그리스 산토리니의 푸른 바다.

나 광고 또는 영화나 다큐멘터리에서 본 것은 아닌지 생각해 봐야 해요.

넷째로 여러분이 영어 단어시험을 보면서 자주 느끼던 현상입니다. 조금 전까지는 분명히 기억했는데 정답을 체크할 때는 "아~이거 알았는데"하며 아쉬워한 적이 있나요? 시험 보기 전까지는 분명 기억했다고 생각했는데, 잠시 뒤 사라지는 영어 단어처럼 기억은 자주 쓰지 않으면 사라져요. 그것을 연구한 것이 에빙하우스의 망각곡선입니다.

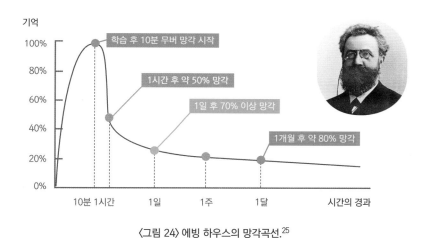

〈그림 24〉 에빙 하우스의 망각곡선.[25]

이 그래프를 여러분이 매일 풀고 있는 학습지나 영어 단어장 맨 앞장에서 한 번쯤은 봤을 수도 있어요. 독일에 심리학자인 에빙 하우스의 연구에 따르면 여러분이 공부하고 난 뒤 10분이 지나면 기억에서 사라지기 시작한다고 해요. 그리고 한 시간 후에는 약 50%가, 한 달 뒤에는 약 80%가 기억에서 사라진다고 해요. 그래서 이 망각곡선에 따르면,

우리가 영어 단어를 열심히 외웠는데, 1시간 뒤에 시험 보려고 하면 기억이 안 나는 게 당연한 거예요. 그럼 우리가 한 달 뒤에도 그 단어를 기억하려면 어떻게 해야 할까요? 너무 궁금하죠. 여러분은 이것만 알면 영어 단어를 외우는 고통에서 벗어날 수 있어요.

그 비법은 바로 '반복 학습'입니다. 여러분이 꾸준히 외우면 기억에 오래 남을 수 있어요. 너무 뻔한 말이라고 생각하겠지만, 이제 여러분은 어떻게 하면 오래 기억에 남는다는 사실은 알게 되었죠.^^ 이런 망각곡선의 기준을 생각하면, 어른들의 "나 때는"은 너무 오래된 기억일 수 있기 때문에 사라진 기억일 수도 있어요.

마지막으로 우리 기억에는 최고의 경험과 마지막 경험이 강력하게 작용된다고 해요.* 예를 들면 여러분이 재미있게 본 드라마가 있다면, 그 드라마에서 하이라이트 부분과 마지막 장면을 주로 기억한다는 거예요. 그렇다면 '나 때는'이라고 말하는 분들은 본인의 수많은 경험 중에서 최고의 경험과 마지막 경험이 더욱 두드러지게 나타날 수 있다는 거예요. 즉 전체의 경험보다는 강렬한 한 부분에 집중되었다는 것을 알 수 있어요.

이제 정리해 볼게요. 제가 다섯 가지 측면에서 "나 때는 말이야"를 설명해 봤어요. 여러분은 어떻게 생각하나요? '나 때는 말이야'를 '이렇게까지 확인해야 해?'라고 생각할 수도 있지만, 여러분이 가볍게 생각하고 때로는 유머로 생각할 수 있는 것도 한 번쯤은 더 확인해 보면

● 피크 엔드 법칙peak-end rule.

기존에 알지 못했던 것을 알 수 있어요. 제가 말한 이유 외에도 여러분이 생각하는 내용도 있을 거예요. 그리고 때로는 '나 때는 말이야'가 진실일 수도 있어요. 하지만 그 내용을 그대로 믿기보다는 한 번쯤 확인해 보는 것이 중요해요.

그럼 여러분이 보는 유튜브나 SNS 그리고 방송에서 말하는 내용을 어떻게 생각해야 할까요? "나 때는 말이야"처럼 장난처럼 느껴지는 사람의 말도 확인해야 하는데, 여러분이 오랜 시간 보게 되는 영상은 더 자주 확인해야 해요. 왜냐면 우리가 기억하는 것들은 각종 정보를 통해서, 특히 미디어를 통해서 기억이 조작될 수 있어요. 여러분이 본 영상, 웹툰, 게임, 뮤직비디오, SNS 등 각종 미디어를 통해서 여러분 자신의 기억이 왜곡될 수 있다는 사실을 잊지 말아야 해요.

마케팅과 인간의 무의식에 대해 많이 연구한 제럴드 잘트먼 박사는 사람들이 과거의 경험을 있는 그대로 찍어놓은 스냅사진처럼 보는 경향이 있지만, 기억은 우리의 경험과 신념, 그리고 다양한 상호관계를 통해서 새롭게 창조된 것들이라고 말해요.[26] 신경과학자 리사 제노바는 지나간 일에 대한 기억을 끄집어내는 단계인 부호화, 강화, 저장, 인출의 단계마다 편집 및 왜곡 가능성이 있다고 해요. 그래서 여러분의 기억은 녹화된 동영상을 보는 것이 아닌 이야기의 재구성을 본다는 거죠.[27] 뇌과학자 딘 버넷은 우리는 늘 자신의 기억이 정확하고 공정하다고 믿고 있으며, 무의식중에 자신을 돋보이게 만들기 위해 기억을 재구성하는 경우가 있다고 말해요.[28]

즉, 여러분의 기억을 왜곡하는 데 강력하게 작용하는 것은 여러분이 자주 보는 영상이 될 수 있고, 자주 보는 이미지가 될 수 있고, 누군가의 말이 될 수 있어요. 그렇게 여러분의 선택은 앞에서 말한 것들이 영향을 미칠 수 있다는 점을 기억해야 해요. 무엇보다 여러분의 기억은 조작될 수 있다는 점도 잊지 말아야 합니다.

앞의 글을 읽고, 어떤 생각이 들었나요?
(간단한 문장이라도 좋으니, 여러분의 생각을 글로 써 보세요. 단, 완벽한 문장이 되도록 써 보세요)

앞의 글은 제가 앞에서 말한 3가지 작은 결론 중에 어느 것을 말하려고 했을까요? 여러분의 선택과 그 이유를 적어 보세요
(정답은 없으니, 여러분의 생각을 자유롭게 적어 보세요)
(①나를 알자(너 자신을 알라), ②의도 찾기(왜 만들어졌을까?),
③미디어에 기대지 않기)

ㅎㅏㅎㅏㅎㅏ 낯설다, 나

질문의 힘
앞의 글을 읽고 난 후 떠오르는 질문을 5개 만들어 보세요.
질문의 대상은 글을 쓴 작가, 부모님, 친구, 또는 자신이 될
수 있어요. (여러분의 질문을 통해 미디어를 보는 능력은 level up,
up, up!)

확인해 볼까요?

여러분은 '미디어'를 아시나요? 아마도 우리 주위에서 미디어라는 말을 자주 사용하기 때문에 매우 친숙한 단어일 수 있어요. 제가 만난 학생들 대부분도 미디어를 안다고 손을 들었어요. 우리의 일상생활 속에서 사용하고, 말하게 되는 소셜 미디어, 1인 미디어, 뉴 미디어와 같이 미디어라고 말하는 게 많이 있잖아요. 그래서 여러분도 대부분 알고 있을 거라고 생각해요. 이제 질문을 조금 바꿔볼게요.

"미디어가 무엇인지 설명해 주세요." 단어만 몇 개 말하는 것이 아니라 완벽한 문장으로 알려주세요. 예를 들면, "미디어란 ······이고, ······입니다"라는 식으로요.

어떤가요? 내게 친숙했던 미디어를 왜 문장으로 설명하기 어려울까요? 그렇게 쉽게 생각했고 내가 알 것이라 생각했지만 과연 여러분은 알고 있었던 걸까요? 『표준국어대사전』에서는 미디어를 이렇게 풀이하고 있어요. "어떤 작용을 한쪽에서 다른 쪽으로 전달하는 역할을 하는 것." 그럼 사전에서 풀이한 미디어는 여러분이 알고 있던 미디어랑 같은가요? 아마도 같지 않을 거라 생각해요(이 내용은 뒤에서 쉽게 설명할게요).

이제 몇 가지 질문을 더 해볼게요. "아이폰을 만든 회사가 어디일까요?" 과일의 이름을 쓰는 이 회사는 '애플'이죠. 우리는 매일 그 회사의 로고를 보고 있어요. 그렇죠? 그렇다면 매일매일 자주 보고 있기 때문에 여러분은 잘 알고 있는 거 맞죠? 그럼 〈그림 25〉에서 그 회사 로고를 1초 안에 찾을 수 있겠죠.

제가 넉넉히 3초 주겠습니다. 시~작!

〈그림 25〉 다국적 기업 애플APPLE의 유사 로고들.[29]

하나, 둘, 셋! 잘 찾았나요? 아마 3초보다는 조금 더 걸리지 않았을까 싶어요. 제가 이 그림을 보여준 이유는 여러분이 평소에 안다고 생각하는 것 역시 정확하게 알지 못할 수도 있다는 것을 알려주고 싶어서였어요. "나 그거 알아"라고 말할 수 있지만, 내가 안다고 생각했던 그것을 설명하거나, 글로 쓸 때 이런 느낌을 받을 수 있습니다. "나는 안다고 생각했는데 일부분만 알고 있구나."

하나 더 볼까요? 〈그림 26〉에는 세 가지의 색이 있어요.

〈그림 26〉

①의 색은 무엇인가요? 이 색의 영어 단어는?
②의 색은 무엇인가요? 이 색의 영어 단어는?
③의 색은 무엇인가요? 이 색의 영어 단어는?

답이 어렵지는 않았죠. 왜냐면 우리가 평소에 자주 말하는 색이기 때문에 어렵지 않았을 거라 생각해요. 그리고 다 아는 색이기도 하고요. 그럼 정답을 알아야겠죠.

① Red ② Black ③ Purple이라고 했나요?

정답은, ① Red ② Black ③ Violet입니다.

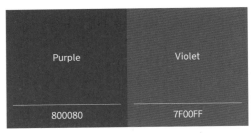

〈그림 27〉 Purple과 Violet.

Purple이라고 생각할 수 있지만, 이 문제의 정답은 Violet입니다.
한 번 사전적 의미도 알아볼까요?

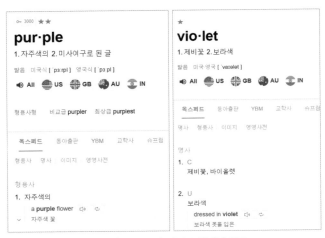

〈그림 28〉 Purple과 Violet 사전적 의미.

〈그림 28〉을 보면 purple은 '자주색'으로, violet은 '보라색'으로 나와 있어요. 그런데 누군가는 이렇게 생각할 수 있어요. "좀 더 큰 개념인 보라색 계열에 violet도 포함되니까, 제가 말한 purple도 맞지 않나요?" 만약 색 번호(색상 코드)가 없었다면 그럴 수도 있겠죠. 하지만 〈그림 26〉을 다시 보면, 색 아래에 6자리로 된 숫자가 적혀 있는 게 보이나요? 이 숫자는 각각의 색을 구분하는 번호예요. 예를 들면 빨강은 FF0000, 검정은 000000처럼 숫자로 색을 표현할 수 있어요. 이런 색 번호를 사용하면 여러분이 원하는 색을 적확*하게 찾을 수 있어요. 파란색의 경우에도 진한 파랑과 옅은 파랑이 있듯이, 색마다 색 번호는 달라요. 그래서 내가 생각하는 색을 콕 집어서 말하고 싶을 때는 이 6자리로 만들어진 색 번호를 말하면, 그 색을 쉽게 찾을 수 있어요.

그런데 6자리 색 번호가 실제로 사용될까요? 만약 여러분이 핑크색 캐릭터 인형을 아주 많이~ 만들어서 판매하려고 해요. 그래서 부산, 광주, 대구, 대전 공장에 나눠서 인형을 만든다고 생각해 봐요. 각 공장에 핑크색 인형 사진을 보여주면서 "이렇게 만들어주세요"라고 하면, 아마도 4개의 공장에서 나온 핑크는 모두 다른 핑크로 나올 거예요. 왜냐고요? 핑크의 종류가 너무 많아요. 핫 핑크, 코랄 핑크, 로즈 핑크, 인디 핑크, 체리 핑크, 살몬 핑크, 딸기우유 핑크 등 엄청난 핑크색이 있어요. 하지만, 이런 상황에서는 6자리 색 번호를 알려주면, 모든 공장에서 동일한 핑크색 인형을 만들 수 있어요. 이 이야기를 통해 여러분이 알고

● 적확하다: 정확하게 맞아 조금도 틀리지 아니하다.

있는 purple을 다시 한번 확인해 보고, 우리가 쉽게 말하는 색도 상황에 따라서 서로가 다르게 받아들일 수 있다는 것을 알아봤어요.

하나 더 볼게요. 〈그림 29〉의 꽃은 크리스마스 꽃으로 알려진 '포인세티아'입니다. 이 꽃은 전체적으로 붉은색과 초록색이 조화롭게 보이기 때문에 크리스마스에 장식용으로 많이 구매하는 꽃 중의 하나입니다. 여러분은 이 포인세티아 꽃이 어떻게 보이나요?

〈그림 29〉 포인세티아.

이 꽃은 예쁜가요? 진짜로 이 꽃이 예쁜가요? 정말인가요? 아마도 여러분은 저와 다른 것을 보면서 이 질문에 대답하고 있다고 생각해요. 무슨 말인가 하면 포인세티아의 꽃은 여러분이 보고 있는 붉은색 부분이 아닙니다. 그건 잎입니다.* 잎이 빨갛게 변한 것을 꽃으로 보는 거예요. 그렇다면 포인세티아의 진짜 꽃은 어디일까요? 빨간색 잎 중앙에 있는 노란색 부분이 포인세티아의 진짜 꽃입니다. 다시 말해서 제가 질문한 "꽃이 이쁜가요?"에 저와 여러분은 다른 것을 보면서 이야기한 셈입니다.

그럼, 또 다른 사례도 알아볼까요? 〈그림 30〉을 눈여겨 봐주세요. 혹시 이상한 점 있으면 기억해 두세요. 일부러 돌린 사진이니 머리를 돌리면서 거꾸로 보지 말고 그냥 편하게 봐주세요.^^

이 사진은 영국 가수인 아델의 모습입니다. 여러분이 이분을 처음 봤다고 해도 괜찮아요. 그냥 사람의 얼굴 사진을 돌려놓은 것밖에 없어요. 그런데 이 사진을 보면 뭔가 이상하다 느껴지나요?

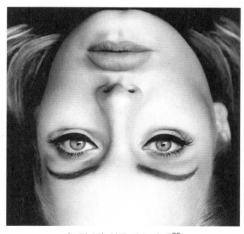

〈그림 30〉 영국 가수 아델.[30]

● 불염포.

"약간 어색해요"라고 말할 건가요? 아니면 "이상 없는데요"라고 할 건가요? 그럼 이 사진을 180도 다시 돌려서 정상적인 사진(⟨그림 31⟩)으로 다시 보여줄게요(주의: 잠시 마음의 준비를 하시고 보세요).

⟨그림 31⟩ 마거릿 대처 효과(아델)●

이 사진을 통해 여러분은 착시효과를 경험할 수 있어요. ⟨그림 30⟩처럼 사진을 거꾸로 돌려서 비정상인 상태로 만든다면 얼굴을 이상하게 만들어도 우리 뇌는 쉽게 발견하지 못해요. 그러나 ⟨그림 31⟩처럼 정상적인 상태에서는 얼굴을 조금만 변형하면 이상한 점이 눈에 확!!

● 마거릿 대처 효과: 얼굴을 거꾸로 뒤집었을 때, 뇌가 얼굴의 변화(이상함)를 인식하지 못하는 현상.

확!! 들어오는 것을 느끼게 해주는 실험입니다.

심리적 사례도 알아볼게요. 〈그림 32〉는 즉석 복권입니다. 동전으로 표면을 긁게 되면 그 안에 숫자가 보일 거예요. 이 복권은 세로 방향으로 동일한 숫자가 3개가 나오는 맨 위에 적힌 금액이 당첨되는 복권입니다.

〈그림 32〉 즉석 복권.[31]

만약에 어떤 어른이 이 같은 복권을 구매해서, 그 자리에서 바로 긁어서 아래와 같은 결과를 확인했어요.

백만 원	천만 원	1억 원	(당첨 예) 2천 원
2	3	4	5
2	3	4	5
1	2	3	5

각 줄에서 하나만 더 맞았다면 당첨될 수 있었겠죠. 만약 여러분이 이런 상황이라면 어떤 생각이 들 것 같아요? "거의 당첨될 뻔했는데" 이렇게 말하지 않을까요? 여러분도 그렇게 생각했나요? 그러나 이건 여러분이 잘못된 해석을 하는 겁니다. 이런 결과를 꽝이라고 생각하지 않고, '거의 당첨될 뻔했다'고 생각하기 때문입니다.[32] 이러한 것은 실패한 사례보다는 성공한 사례를 주로 접하기 때문에 생기는 것[•][33]과 늘 긍정적으로 생각해서 나오는 결과이기도 합니다.[••] 그 때문에 잘못된 판단으로 이어질 수 있어요. 즉 내가 알고 있는 게, 내가 생각하는 게 아닐 수도 있다는 것을 생각하고 나를 끊임없이 점검해야 합니다.

그럼 이런 상황은 어떨까요? 제가 여러분이 잘 알고 있는 노래를 손뼉 치면서 리듬을 만들어 볼게요. 여러분도 손뼉을 치면서 어떤 노래인지 맞춰보세요.

짝짝짝짝 짝짝짝~ 짝짝짝짝 짝~

짝짝짝짝 짝짝짝~ 짝짝짝짝 짝~

제가 박수 친 건 무슨 노래인가요? 저는 지금 이 글을 쓰면서 리듬에 맞추면서 글을 작성하고 있어요. "너무 쉬운 거 아니야?"라고 생각

● 가용성 편향availability bias: 어떤 일이 생겼을 때, 가장 먼저 떠오르는 것이 제일 중요한 것처럼 생각하는 것.

●● 긍정적 편향optimism bias: 힘든 상황인데도, 자신만큼은 괜찮을 거라고 너무 긍정적으로 생각하는 것.

도 들었어요. 저에게는 앞에 쓰여 있는 '짝 짝 짝'이 글씨만 보이는 게 아니라 반주 소리도 들려요. 저 박수 소리는 어떤 노래를 말하는 걸까요? 바로 〈학교종〉입니다. 여러분은 맞췄나요?

대체로 자기가 알고 있는 걸 상대방도 알 거라고 생각하는 경우가 있습니다.* 때로는 "이건 너무 쉬우니까 다 알 거야", "최소한 이건 알겠지", "이건 상식이니까 알겠지"와 같이 본인이 알고 있는 것은 상대방도 당연히 알 거라고 생각하는 경우예요. 그런데 상대방은 전혀 모르거나 이해하지 못한 상태일 수 있어요. 예를 들면 제가 학교에 가서 '미디어 리터러시' 교육을 하면서 여러분에게 아래와 같은 말을 다 알 거라고 생각하면서 계속 말하면 어떻게 될까요?

중식 제공, 조짐이 보인다, 우천시 장소변경, 시장하세요, 금일, 사흘, 심심한 사과, 시발점.

분명 아는 친구들도 있겠지만, 이해하지 못하는 친구들도 있습니다. 그렇기 때문에 저는 학생들의 어렵게 생각하지 않도록 한자어가 들어간 것을 최대한 사용하지 않으려고 노력해요. 혹 그런 말을 사용해야 한다면 좀 더 구체적으로 풀어서 말하려고 노력해요.

여러분도 부모님이나 할머니 할아버지와 이야기할 때 생각해 보세

● 지식의 저주curse of knowledge : 내가 알고 있는 것을 다른 사람도 당연히 알고 있을 거라 생각하는 현상.

요. 여러분이 친구들과 대화할 때 자연스럽게 사용하는 신조어나 게임, SNS 용어는 서로가 다 알기에 편하게 말할 수 있지만, 어른들은 여러분이 말하는 내용을 다 이해할 수 없을 거예요.

이번 장에서는 여러분이 알고 있다는 것을 다시 한번 확인해야 하는 이유에 대해 설명했어요. 앞에서 설명한 다섯 가지 사례처럼 우리가 보고 느끼고 생각하는 것이 틀릴 수도 있다는 점과 내가 알고 있는 것이 사실과 다를 수도 있다는 것까지 알아봤어요. 내가 알 거라고 생각했지만, 실제로 문장으로 말하거나 또는 글로 써야 할 때 또는 다른 어떤 식으로 표현해야 할 때 어려움을 겪게 되는 것을 알아봤어요.

익숙함에 대한 많은 명언이 있어요. 대체로 그 결론은 익숙함은 위험 신호라는 것입니다. 익숙하기 때문에 한 번 더 확인해야 하는 것을 놓칠 수 있어요. 그래서 여러분이 익숙하다고 생각했던 것들로 인해 새로운 지식과 정보를 알지 못할 수 있어요. 그리고 이러한 익숙함은 미디어의 반복을 통해, 알고리즘을 통해, 영상을 통해 여러분 스스로가 확인하는 것을 놓치는 경우가 많이 있을 거예요. 그렇기 때문에 여러분은 미디어에 익숙하기 전에 한 번 더 생각하는 습관을 길러야 해요. 더 익숙해지기 전에 말이죠.

앞의 글을 읽고, 어떤 생각이 들었나요?
(간단한 문장이라도 좋으니, 여러분의 생각을 글로 써 보세요. 단, 완벽한 문장이 되도록 써 보세요)

앞의 글은 제가 앞에서 말한 3가지 작은 결론 중에 어느 것을 말하려고 했을까요? 여러분의 선택과 그 이유를 적어 보세요
(정답은 없으니, 여러분의 생각을 자유롭게 적어 보세요)
(①나를 알자(너 자신을 알라), ②의도 찾기(왜 만들어졌을까?),
③미디어에 기대지 않기)

앞의 글을 읽고 난 후 떠오르는 질문을 5개 만들어 보세요.
질문의 대상은 글을 쓴 작가, 부모님, 친구, 또는 자신이 될
수 있어요. (여러분의 질문을 통해 미디어를 보는 능력은 level up,
up, up!)

part 2

이렇게도 생각할 수 있네

왜 사람들은
스타벅스의 비싼 커피를 마실까?

거리를 걷다 보면 수많은 카페를
볼 수 있어요. 스타벅스뿐만 아니
라 저렴한 가격으로 많은 사랑을
받는 메가커피, 빽다방, 컴포즈커
피 등 너무나도 많은 카페 브랜드
가 있어요. 따라서 커피값도 각각
다릅니다. 따뜻한 아메리카노를 기
준으로 스타벅스에서는 4,500원

〈그림 33〉 스타벅스에서 판매하는
아메리카노.[34]

에 판매되지만, 메가커피, 컴포즈, 빽다방에서는 1,500원에 판매합니
다.* 그런데 왜 많은 사람이 스타벅스에서 비싼 아메리카노를 마실까요?

● 2024년 10월 기준

다양한 이유가 있을 수 있어요. 이런 궁금증을 풀려고 스타벅스의 성공과 브랜드에 대해 연구한 책도 많아요. 스타벅스 전 CEO인 하워드 슐츠는 스타벅스는 "커피를 팔지 않고, 문화를 판다"고 말했지만, 과연 그 이유만으로 사람들이 스타벅스에 찾아가는 걸까요? 여러분의 생각은 어떤가요? 그리고 그렇게 생각한 이유는 뭔가요?

〈그림 34〉 스타벅스를 '연구'한 다양한 책.[35]

여러분들은 다양한 의견을 낼 수 있을 것 같은데……그 의견이 너무 궁금하네요. 제가 만난 학생들에게도 같은 질문을 했더니 그 학생들은 이렇게 말했어요.

"커피가 맛있어요", "멋져 보이잖아요", "공간이 이뻐요" 등 각자가 생각하는 이유를 말했어요. 이렇듯 어떠한 현상에 대해서 여러분은 다양한 생각과 의견이 있을 수 있어요. 더욱이 제가 지금 말하고자 하는 건 경제학 개념도, 마케팅 개념도 아니기에 여러분의 다양한 생각을 알고 싶은 거였어요. "이 생각은 맞고, 저 생각은 틀렸다"라고 말하려 하는 게 아닙니다.

여러분 스스로 자신의 의견을 말할 수 있어야 해요. 단, 여러분의 의견을 뒷받침해 줄 이유가 있으면 더 좋겠어요. 제가 만난 학생들이 말한 것처럼 단순하게 "커피가 맛있어요", "멋져 보이잖아요", "공간이 이뻐요"도 좋지만 조금 더 구체적인 이유가 있었으면 해요. 예를 들면 많은 사람이 카카오톡을 사용하잖아요. 그래서 〈그림 35〉처럼 "생일 선물로 스타벅스 커피 쿠폰을 받아서 사람들이 많이 가는 것 같아요"처럼 구체적인 이유가 있었으면 좋겠어요.

그리고 커피는 개인의 취향에 따라 선택할 수 있어요. 누구는 쓴 커피를 좋아하고, 누구는 고소한 커피를 좋아할 수 있고, 에티오피아나 콜롬비아처럼 특정 생산지

〈그림 35〉 스타벅스 쿠폰을 선물할 수 있는 카카오톡 어플 화면.[36]

커피를 좋아할 수도 있어요. 또는 매장이 예쁘고, 편안하고, 직원들이 친절해서 좋아할 수도 있어요. 혹은 스타벅스 로고가 멋있다고 생각할 수도 있어요. 같은 커피이지만 로고와 이름 때문에 좀 더 비싼 음료로 생각될 수도 있어요.

그럼 스타벅스에 대해 아무런 정보가 없는 사람이 있다면, 그 사람은 수많은 카페 중 어떤 카페를 선택을 할 것 같은가요? 정답은 저도 몰라요.

어느 카페에 갈 것 같은지 생각해 봤나요? 선택을 해야 할 때는 저마다 기준으로 삼는 것들이 있어요. 대체로 자기 자신이 좋아하는 것, 취향, 경험을 기준으로 선택하겠지만, 때로는 내 생각이 아닌 외부 영향을 받기도 해요. 그래서 여러분이 생각하지도 않던 것을 선택을 할 수도 있어요. 특히, 경험이 없는 상황에서는 우리의 선택은 더더욱 고민스럽고 어려울 수 있어요.

그럼, 많은 사람이 스타벅스에 가는 이유를 행동경제학으로 풀어낸 학자의 생각도 알아볼까요? 경제학자인 댄 애리얼리는 사람들이 비싼 스타벅스에 열광하는 이유에 대해 이렇게 말하고 있어요. 스타벅스 이용자들이 자기 양 떼 현상self-herding으로 습관화된 거라고요.[37] 혹시 여러분은 배가 고파서 식당을 찾아 걸어가고 있는데, 어느 식당 앞에 사람들이 길게 줄을 서 있는 모습을 보고는 '이 식당이 맛집이구나' 라는 생각이 들어 자기도 모르게 대기 줄에 서 본 경험이 있나요?

이렇게 많은 사람이 줄 선 모습에 나도 따라 줄 서는 행동을 '양 떼 현상herding'이라고 해요. 마치 양 떼들이 한 번에 우르르 몰려다니는

〈그림 36〉 무리를 지어 움직이는 양 떼.

모습처럼, 사람들도 역시 많은 사람이 움직이는 곳으로 따라가는 경향이 있다고 해요. 그런데 여기서 조금 변형된 행동이 '자기+양 떼 현상' 입니다.

이 말은 여러분이 아무런 정보가 없지만, 궁금해서든 사람들이 길게 줄 선 모습 때문이든 일단 스타벅스에 들어가서 맛, 분위기, 친절한 직원 서비스 등 어떤 것에 만족을 느끼게 된다면, 이제 이야기가 달라집니다. 길을 가다가 스타벅스 로고를 보면 지난번에 느낀 만족감으로 다시 스타벅스에 들어가게 됩니다. 마치 '양 떼 현상'으로 사람들이 줄을 서듯, 내 의식 속에 스타벅스 선택에 대한 좋은 기억이 차곡차곡 줄을 서게 되면서 나중에는 선택이 아닌 확신으로 간다고 해요. 조금 어렵죠.^^ 이것 역시 자기가 느낀 경험이 매우 중요하게 작용한다는 것을 알려주는 거예요.

그럼, 여러분도 한 번쯤 겪어볼 수 있는 사례로 이야기해 볼게요. 여

러분은 내일 전혀 가보지 못한 곳, 아는 사람이 한 명도 없는 ○○시city
에 점심때 도착 예정입니다. 점심에 도착하니까 밥을 먹어야겠죠. 그럼
여러분은 점심으로 무엇을 먹을 것 같나요?(단, 배가 안 고파요, 밥 미리 먹
고 갈 거예요, 그냥 걷다가 아무거나 먹을래요 라는 답은 하지 말고요.) 반드시
그 ○○시에서 점심을 먹어야 한다면 어떤 메뉴로 정할지 잠시 고민해
볼까요?

좋은 메뉴를 찾았나요? 쉽게 메뉴를 정할 수 있나요? 아마도 쉽지
않았을 것 같아요. 왜 그럴까요? 여러분에게는 아무런 정보가 없기 때
문이에요. 그래도 밥은 먹어야 하잖아요. 그럼 여러분은 어떤 행동을
하게 될까요? 잠시 생각해 봐요.

아마도 인터넷에서 '○○시 맛집'을 검색하지 않을까요? 인터넷에
맛집으로 검색된 식당들의 정보가 나오고, 평점도 볼 수 있어요. 좀 더
자세한 식당 정보를 알고 싶으면, 식당 홈페이지나, 블로그에 나와 있
는 음식 사진, 메뉴판, 가격, 식당의 모습 등과 함께 그 식당을 다녀온
사람들의 맛 표현까지 확인하면서 해당 식당에 대한 자세한 정보를 알
수 있어요. 하지만 여러분이 인터넷에서 말하는 맛집 식당을 직접 갔을
때, 맛집일 수도 있지만, 아닐 수도 있겠죠.

이 사례처럼, 내가 선택을 해야 하는데, 아무런 정보가 없는 상태라
면 작은 정보라도 의지할 수밖에 없어요. 그런데 이런 경험은 없었나요?

비싸니까 더 좋을 거야.
평점이 좋으니까 더 좋을 거야.

명품이니까 더 좋을 거야.

유명 유튜버가 소개했으니까 더 좋을 거야.

우리 형, 우리 누나가 좋다고 했으니까 더 좋을 거야.

연예인이 사용하니까, 좋을 거야.

혹시, 앞에서 말하는 것들이 여러분의 선택에 기준이 된 적은 없나요? "○○이니까 좋을 거야"가 모두 틀린 정보라고 말할 수는 없어요. 다만 그 정보가 틀릴 수도 있다는 생각을 가져야 해요. 그리고 이렇게 제공된 정보가 의도를 가지고 만들어진 것은 아닌지 다른 시선으로 바라보는 것 역시 필요해요. 더욱이 청소년 시기에는 이렇게 누군가에 의해 다 만들어진 정보에 기대는 것보다는 여러분이 직접 확인하고 체험하는 습관이 중요해요. 때로는 실패를 하더라도 이러한 과정을 통해서 다양한 생각을 할 수 있고 여러분의 경험 역시 확장될 수 있기 때문이죠.

그런데, 이런 것이 왜 필요하냐고요? 이건 여러분에게 이번 장을 시작하면서 말한 '왜 많은 사람은 스타벅스에서 비싼 커피를 마실까'에 대한 질문과 연결돼요. 여러분이 보는 어떤 현상을 무조건 받아들이기보다는, 그 이유를 스스로 고민하고 분석해 보는 경험을 청소년기에 쌓아가길 바라기 때문입니다. 특히, 아무런 정보가 없을 때는 확인 절차 없이 누군가가 제공한 것을 그대로 따라 하지는 않는지, 그리고 미디어에서 보는 것을 그대로 이해하지는 않았는지 알아보고자 했어요. 즉 미디어에서 본 것들이 여러분의 선택에 영향을 줄 수 있다는 점을 알려주고 싶었어요.

그럼 한 가지 더. 묻지도 따지지도 않을 것 같은 상황으로 다시 이야기해 볼게요. 연예인, 스포츠 스타, 여친, 남친, 누나, 언니, 오빠, 형, 선생님 등 내가 가장 좋아하는 인물 또는 내가 꿈꾸는 직장이나 대학교에 다니는 인물이 스타벅스 커피를 마신다면 어떤 생각이 들 것 같나요? 내가 누군가를 좋아하고 존경하게 된다면 그의 모든 것이 다 좋게 보일 수 있어요.* 왜 그럴까요? 여러분이 좋아하는 인물들과 좋은 이미지들을 모두 연결하기 때문에 그래요. 그러나 그것은 확인된 정보가 아닌 여러분의 추측입니다.[38] '그럴 거야'가 포함되어 있어요.

스타벅스에서 아메리카노를 마시는 사람들은 그들 스스로가 선택한 거예요. 그러나 이번 사례를 통해서 여러분 스스로가 내린 선택이 혹시 누군가에게 영향을 받아서 내린 건 아닌지 생각해 봤으면 해요. 혹시 내 선택이 광고를 봐서 그런 건지, 내가 생각하는 이미지 때문인지, SNS 내용 때문인지, 맛있어서인지 등 내 선택을 점검해 보는 건 어떨까요? 그리고 어떤 특이한 현상을 봤을 때 "왜 그럴까?"라는 생각을 가졌으면 좋겠어요.

(참고로, 저는 스타벅스 가는 거 좋아합니다. 저는 왜 가냐고요? 무언가 풀리지 않던 것이 스타벅스에서 달달한 음료를 마시면서 해결한 경험이 있어요. 그래서 머리가 복잡한 날에는 그 경험 때문에 스타벅스에 갑니다. 그러니 이 글은 여러분이 스타벅스를 나쁘게 보라는 의미가 아닌 거 이해하죠.^^)

● 후광 효과Halo Effect : 한 가지 좋은 점 때문에 그 사람의 다른 부분도 덩달아 좋아 보이게 만드는 현상.

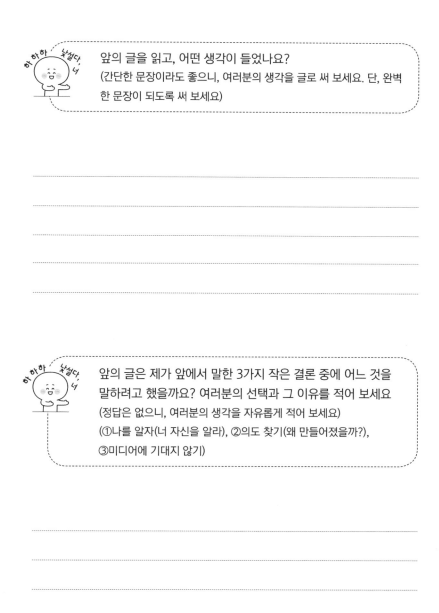

앞의 글을 읽고, 어떤 생각이 들었나요?
(간단한 문장이라도 좋으니, 여러분의 생각을 글로 써 보세요. 단, 완벽한 문장이 되도록 써 보세요)

앞의 글은 제가 앞에서 말한 3가지 작은 결론 중에 어느 것을 말하려고 했을까요? 여러분의 선택과 그 이유를 적어 보세요
(정답은 없으니, 여러분의 생각을 자유롭게 적어 보세요)
(①나를 알자(너 자신을 알라), ②의도 찾기(왜 만들어졌을까?),
③미디어에 기대지 않기)

하 하 하 낯설다, 나

질문의 힘

앞의 글을 읽고 난 후 떠오르는 질문을 5개 만들어 보세요.
질문의 대상은 글을 쓴 작가, 부모님, 친구, 또는 자신이 될
수 있어요. (여러분의 질문을 통해 미디어를 보는 능력은 level up,
up, up!)

이게 진짜일 리 없어

"내가 만약 바퀴벌레가 되면 어떻게 할 거야?"

Q. 내가 만약 바퀴벌레가 되면 어떻게 할 거야?

〈그림 37〉 내가 만약….

여러분은 이 질문을 해보았나요? 주로 학생들이 부모님에게 보냈다고 하는 이 질문은 왜 하는 걸까요? 제가 생각하기에 이 질문에 답은 정해져 있는 것 같아요. 일명 '답정너'라고 하죠. 답은 정해졌으니 너는 대답만 해! 그럼, 이 바퀴벌레 질문에 대한 정해진 답은 뭘까요?

아마도 이 질문은 여러분이 문자를 보낸 사람에게 듣고 싶은 말, 내가 사랑받고 있다는 사실을 듣고 싶어서 보낸 것이라 생각해요. 〈그림

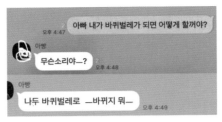

아빠 내가 바퀴벌레가 되면 어떻게 할꺼야?
오후 4:47

아빵
무슨소리야_?
오후 4:48

아빵
나두 바퀴벌레로 _바뀌지 뭐_
오후 4:49

〈그림 38〉 아빠와 딸의 카카오톡 대화.[39]

38〉을 보면서 더 자세히 설명해 볼게요.

어느 여학생이 아빠에게 이렇게 얘기합니다. "아빠, 내가 바퀴벌레가 되면 어떻게 할 거야"라는 질문에 아빠는 "나도 바퀴벌레로 바뀌지 뭐"라고 말해줍니다. 너무나도 달달한 아빠의 대답이 아마도 딸은 듣고 싶었던 말이 아니었을까요?

그런데 이와는 반대로 "불로 태워 죽인다", "살충제를 뿌린다", "그냥 잠이나 자라" 등의 답변을 들었다면 어떨 것 같나요? 이건 여러분이 듣고 싶었던 답변이 아니잖아요. 아마도 장난이 섞인 대답일 수도 있겠지만 그 대답 때문에 여러분은 속상할 수도 있겠죠.

그럼 잠시 마음이 따뜻해지는 영상 하나를 소개해 줄게요.

이 영상에서 아빠의 퇴근을 기다리는 세 아이와 엄마가 아빠에게 장난을 치려고 문 앞에다 일회용 컵을 탑처럼 쌓아두고 숨어 있습니다. 드디어 아빠가 퇴근해서 문을 열었는데, 문 앞에 쌓인 종이컵을 보면서 상황을 파악하고 있어요. 이때 엄마는 아빠에게 아이들의 장난을 이야기하면서 잠시 뒤에 다시 들어오라고 말합니다. 이후 엄마는 숨어 있던 세 아이에게 아빠가 온다고 말해줍니다. 드디어 아빠는 문을 열고 들어

〈그림 39〉 센스있는 아빠.[40]

와 아이들이 쌓아두었던 컵 앞에 아주 자연스럽게 넘어지는 연기를 합니다. 이러한 아빠의 모습에 세 아이는 거실을 껑충껑충 뛰며 너무나도 즐거워합니다.

여러분은 이런 영상을 보면 어떤 감정이 들 것 같나요? 순수한 아이들의 모습을 흐뭇하게 바라볼 수도 있겠고, 아빠의 따뜻한 마음에 감동할 수도 있어요. 그런데, 이 영상에서도 앞에서 말한 "내가 만약 바퀴벌레가 되면 어떻게 할 거야?"처럼 엄마와 세 아이도 원하는 장면이 있었고, 그 원하는 장면을 아빠가 만들어줬어요. 덕분에 우리는 아이들의 행복해하는 모습을 볼 수 있어요.

그럼 이제 반대 상황으로 바꿔볼게요. 아이들이 아빠에게 장난을 치려고 문 앞에 탑처럼 종이컵을 세워놓았어요. 드디어 아빠가 문을 열었어요. 아빠는 종이컵으로 만든 탑을 피한 후 화를 내면서 이렇게 말합니다(〈그림 40〉).

누가 이런 장난을 했어?
당장 치워

〈그림 40〉 아빠의 퇴근.[41]

"……"

여러분은 이 상황을 어떻게 생각하나요? "어~"라는 탄식이 나올 것 같아요. 제가 학생들을 만나서 이런 이야기를 하면 동심을 파괴한다고 말해요. 두 번째 상황은 세 아이가 원했던 상황은 아닐 거예요. 이런 상황이라면 〈그림 39〉 마지막 이미지에서 나오는 아이들이 토끼처럼 뛰면서 즐거워하는 모습을 볼 수 있을까요? 아닐 것 같죠. 이런 사례처럼 우리는 대체로 각자가 원하는 답을 듣고 싶어 해요.

그럼 이런 동영상 예시 말고, 우리 일상생활 속에서 겪을 수 있는 사례를 들어볼게요. 평소에 우리가 듣고 싶거나, 원하는 것을 얻고 싶은 상황은 언제일까요? 여러분이 자신의 페이스북이나 인스타그램 계정에 예쁜 사진과 함께 짧은 글을 써서 업로드했어요. 그런데 아무런 댓글도 없고, '좋아요' 표시도 없고, 하트 표시(♥)도 없어요. 여러분들 어떻게 할 건가요?

제가 학생들한테 이렇게 질문하면 대체적으로 "지워요"라는 얘기를 많이 했어요. 여러분도 그렇게 생각하나요? 그런데 왜 지워야 할까요? SNS에 올린 글은 여러분이 기억하고 싶거나, 누군가에게 알려주고 싶은 내용을 올린 거였잖아요. 그런데 왜 다른 사람의 반응이 여러분에게 중요할까요? 혹시 여러분은 SNS에 글을 올릴 때, 많은 사람에게 '좋아요'를 받고, 하트(♥)를 받고 싶었던 것은 아닌지 생각해 보세요.

SNS를 잘 사용한다는 것은 본인의 계정을 잘 관리하는 것도 있지만, SNS 친구들 관리도 매우 중요한 부분이에요. 친구의 글에 '좋아요'나, 하트(♥)를 보내주면서 상호 소통을 이어가야 해요. 그러나 관리할 친구들이 너무 많으면 이 또한 많은 시간을 SNS에서 보낼 수밖에 없어요. 이러한 어려움으로 내 친구들의 새로운 게시물에 즉각 '좋아요'를 눌러주는 '러브매티컬리'라는 스타트업 회사까지 생겼어요. 이 회사의 창립자 라미트 차울라는 이 서비스를 왜 만들었는지 이렇게 말해요.

우리 시대의 코카인(마약)이 있다.

사람들은 여기에 완전히 중독되어 있다.

단 한 번만 투여해도 정말 놀라운 반응을 보인다.

바로 '좋아요LIKE' 얘기다.

이것은 아무도 모르는 사이에 우리 문화를 지배하는

최초의 디지털 마약으로 떠올랐다.[42]

이 사람의 의견처럼 내가 쓴 글에 '좋아요'나 하트를 받게 되면 너무나도 즐거울 수 있지만 반대로 아무도 내 글에 '좋아요'나 하트를 보내지 않는다면 우리는 쉽게 받아들이기 힘들겠죠.

그럼 여기서 이야기를 조금 더 확장해 볼게요. 하트나 '좋아요'가 없는 상황이 힘들게 느껴지면 여러분은 어떤 행동을 할 것 같나요? 또는 내가 원했던 상황이 아닌 전혀 다른 상황이 여러분 앞에 펼쳐지면 어떻게 될까요? 엘리자베스 퀴블러-로스 박사가 제시한 사람이 죽음을 받아들이기까지 총 5개의 단계인 부정-분노-타협-우울 – 수용을 통해서 설명하려고 해요. 이 5단계는 여러분이 보는 드라마에도 자주 나오기 때문에 쉽게 이해할 수 있을 거예요.

드라마에 한 남성이 등장합니다. 회사에서 바쁘게 일하는 장면이 먼저 나오겠죠. 그러던 중 배나 가슴을 움켜잡으며 고통스러워하는 모습이 나오고, 진통제를 먹으면서 고통을 참는 모습이 나옵니다. 그렇게 며칠이 지난 후 남성이 병원에 찾아가요. 그럼, 의사 선생님이 이 남성에게 보통 이렇게 말할 거예요. "암입니다." 그리고 3개월 밖에 살지 못한다고 말합니다.

자! 이 남성은 지금 자신이 생각지도 못한 그리고 원하지도 않던 상황에 처했어요. 그것도 자신이 죽음에 대해 듣게 되었어요. 이 남성은 어떻게 행동할까요? 바로 이 경우 엘리자베스 퀴블러-로스 박사가 말한 '부정-분노-타협-우울 – 수용'의 단계를 거치게 됩니다. 그럼, 드라마에 등장하는 3개월밖에 살지 못하는 그 남자의 입장으로 돌아가서 위의 5가지 단계를 설명해 볼게요.

부정 말도 안 돼, 작은 병원이라서 잘못 판단했을 거야. 말도 안 돼.

분노 내가 왜 이런 병에 걸려야 해? 내가 왜? 너 때문에 내가 이렇게 됐잖아. 책임져!

타협 (의사에게) 선생님, 딱 1년만 더 살 수 있게 해주세요. 더 바라지 않아요.

우울 (몸의 변화를 느끼고) 이제 모든 게 다 지친다. 아무것도 먹고 싶지 않아. 아무도 만나고 싶지 않아

수용 이제 사랑하는 가족과 친구들을 위해 이별을 준비하자.

그런데, 이러한 과정이 단순히 죽음을 받아들이는 단계에만 한정될까요? 이러한 과정 역시 여러분의 일상생활에서 만날 수 있어요. 여러분이 원하지 않은 상황이 벌어졌을 때 이러한 단계를 거쳐 갈 수도 있어요.

이번에는 우리가 평상시 느낄 수 있는 사례로 설명해 볼게요. 여러분은 내일까지 제출해야 할 숙제가 있어요. 이 숙제를 위해 파워포인트 ppt를 사용해서 오랜 시간 준비했고, 이제 조금만 수정하면 끝날 것 같아요. 그런데 갑자기 화면이 파랗게 변하더니 컴퓨터가 안 켜지는 상황이 벌어졌어요. 이제 여러분은 어떤 감정이 들 것 같나요? 이런 상황이라면, 여러분들이 생각하는 5개 단계가 어떻게 진행될지 한 번 생각하

고 아래에 적어봐요.

부정: _____

분노: _____

타협: _____

우울: _____

수용: _____

여러분의 생각을 잘 적었나요? 아마도 이러한 경우를 일상생활에서 종종 볼 거라 생각합니다. 그럼 여기서 질문을 하나 더 하겠습니다. "여러분은 2010년도에 뭘 했나요?"

그때 태어났을 수도 있고, 아기였거나, 아직 태어나지 않은 사람도 있겠죠. 왜 이것을 물어보느냐 하면, 2010년에 가수 임정희 씨는 〈진짜일 리 없어〉라는 노래를 발표했어요. 이 노래를 아나요? 여러분이 2010년에 태어나지 않았거나, 아주 어렸다고 해도 〈진짜일 리 없어〉는 한 번쯤 들어봤을 거예요. 이 노래는 주로 황당한 상황이나, 믿고 싶지 않은 상황을 보여준 다음 나와요. 그래서 예능 프로그램이나 유튜브에서 많이 볼 수 있어요.

〈그림 41〉을 보면 한 아이가 아빠의 생일을 축하하기 위해 케이크를 들고 아빠에게로 갑니다. 생일 축하 노래를 부르면서 아빠 앞으로 다가갑니다. "생일 축~하합……"

아이는 케이크를 떨어뜨리고 말았어요. 이런 상황은 아이가 아빠의 생일을 축하하기 위한 머릿속 계획에는 없었던 상황이었을 거예요. 아마도 케이크가 떨어지는 건 1초도 안 되겠지만, 이 아이에게는 엄청 느리게 보였겠죠.

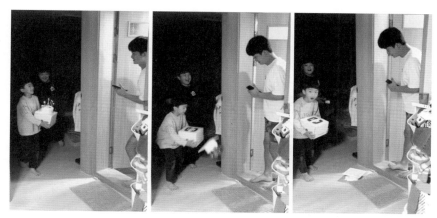

〈그림 41〉 '이게 진짜일 리 없는' 상황[43]

이런 상황을 영상으로 만든다면 바로 이 시점에 이 노래가 나올 것 같아요.

이게 진짜일 리 없어 니가 날 떠나는 게

꿈속인 게 틀림없어 눈물도 나지 않는 게

누가 나 좀 꼬집어 줬으면 해 꿈이라면 나를 깨워줬음 해

아님 내가 살 수 없어 이게 진짜일 리 없어

또 하나! 2024년 카타르에서 열린 아시안컵 축구대회에서 한국과 말레이시아의 경기를 기억하나요? 전반전과 후반전 90분이 모두 지난 추가시간에 손흥민 선수가 페널티 킥을 성공하면서 승리의 기쁨을 만끽하고 있었어요. 그런데 승리를 축하하려는 순간에 말레이시아 로멜 모랄레스 선수에게 동점 골을 허용했어요. 그렇게 경기가 끝났죠. 이 방송을 중계한 쿠팡플레이에서는 아래와 같이 영상을 내보냈습니다.

〈그림 42〉 이 경기가 진짜일 리 없어.[44]

〈진짜일 리 없어〉 노래와 함께 펄쩍펄쩍 뛰면서 환호하는 말레이시아 감독의 모습과 수건으로 입을 막으면서 허탈해하는 한국 선수의 모습을 보여주었어요. 이때 배경음악으로 나오는 〈진짜일 리 없어〉는 왜 사용한 걸까요? 아마도 〈그림 42〉에서 보이는 저 선수의 심정이자 충격에 빠진 축구 팬들이 이 상황을 쉽게 받아들일 수 없다는 걸 알기에 부정하고 싶은 마음을 재미있게 표현한 것 같아요.

대체로 내가 원하는 방향으로 일이 풀리지 않았을 때 우리는 대부분 자신을 탓하기보다는 세상을 탓한다고 해요. 그리고 내가 원하지 않는 결과를 마주했을 때, 나를 보호하기 위해서 이 결과는 나 때문에 벌어진 것이 아니라 좋지 못한 상황 때문이라면서 지속적으로 나를 부정하는 모습을 보일 수 있어요.[45]

평소에 여러분은 어떤 상황에서 자신을 부정하나요? 아마도 평소와는 다른 상황, 내가 생각하지도 못한 상황이 펼쳐졌을 때, 긴급한 상황에서 부정을 하게 됩니다.

많은 사람 앞에서 발표하거나 노래를 해야 한다고 생각해 봐요. 엄청 떨리겠죠. 이 순간에 이렇게 할 수 있겠죠. "나는 떨리지 않아, 나는 떨리지 않아." 그렇게 속으로 외치지만, 몸은 부들부들 떨고 있는 이 상황을 여러분은 어떻게 생각하나요?

부정하는 이유 중 하나는 '나를 위해'라고 해요. 내 몸에서 이 상황을 받아들이면 너무 힘들 것 같기에 나를 위해서 지금의 이 현실을 잠시 미루는 몸의 시스템이 저절로 발동이 된다고 해요.•

이러한 사항을 알게 되었으니, 원하지 않았던 상황이 왔을 때 여러분의 선택이 혹시 본인 스스로를 부정하는 건 아닌지 확인해 보는 건 어떨까요?

• 방어기제defence mechanism : 받아들이기 힘든 상황에서 자신을 보호하려고 무의식적으로 상황을 왜곡하거나 조절하여 마음의 안정을 찾는 심리적 방법.

앞의 글을 읽고, 어떤 생각이 들었나요?
(간단한 문장이라도 좋으니, 여러분의 생각을 글로 써 보세요. 단, 완벽한 문장이 되도록 써 보세요)

_____

_____

_____

_____

앞의 글은 제가 앞에서 말한 3가지 작은 결론 중에 어느 것을 말하려고 했을까요? 여러분의 선택과 그 이유를 적어 보세요
(정답은 없으니, 여러분의 생각을 자유롭게 적어 보세요)
(①나를 알자(너 자신을 알라), ②의도 찾기(왜 만들어졌을까?),
③미디어에 기대지 않기)

_____

_____

_____

_____

하하하 낯설다, 너

질문의 힘
앞의 글을 읽고 난 후 떠오르는 질문을 5개 만들어 보세요. 질문의 대상은 글을 쓴 작가, 부모님, 친구, 또는 자신이 될 수 있어요. (여러분의 질문을 통해 미디어를 보는 능력은 level up, up, up!)

파파고와 구글 번역이면 충분하니
영어 공부 하지 마!

매년 세계의 기술이 어느 정도 발전했는지 확인할 수 있는 전시회가 있어요. 그건 바로 CESThe International Consumer Electronics Show 전시회입니다. 매년 1월 미국 라스베이거스에서 열리는 이 전시회에서는 세계에서 유명한 회사들과 혁신적인 아이디어 제품을 출시한 스타트업 기업들이 자신들의 기술력을 자랑할 수 있는 자리에요. 이 전시회에 나온 제품과 시연제품은 곧 우리가 사용하게 될 제품이기도 하기에 많은 사람이 관심을 갖고 있어요.

2024년 CES에서 삼성전자는 갤럭시 S24를 공개했어요. 기존의 스마트폰 기능을 뛰어넘은 AI 기능을 탑재했다고 소개했어요. 그중에서도 많은 사람의 관심이 집중된 것은 실시간 통역 기능이었어요. 영어, 일본어, 중국어, 독일어 등 13개 언어를 실시간으로 통역 가능하다고 해요. 이와 관련된 영상을 보면, 서로 다른 언어를 쓰는 사람들이 이 실시간 통역 서비스를 통해서 호텔 예약을 위한 대화가 가능하다는 것을 보여줘요. 정말 대단하죠. 해외에 갔을 때 가장 어려운 게 바로 언어잖아요. 그런데 그 어려움이 사라질 수 있게 되었어요.

〈그림 43〉 갤럭시 S24를 이용한 실시간 통역.[46]

이렇게 삼성의 스마트폰을 구매하지 않아도 가능한 게 있죠. 그건 바로 구글 번역기와 네이버의 파파고 번역기입니다. 이 번역 사이트에서는 다양한 언어를 빠르게 번역을 해줘요. 이처럼 이제는 실시간 통역도 가능하고, 번역기를 통해 통역사 없이도 대화가 가능한 그런 시대에 살고 있어요.

그럼, 이제 우리는 영어 공부 안 해도 되겠죠. 정말 그럴까요? 여러분이 좀 더 생각할 수 있게 실제 사례를 소개할게요. 포르투갈에 놀러 간 관광객이 갑자기 체포됐어요. 왜 체포가 됐나 하면, 카페에 들어가서 직원에게 번역기 앱으로 번역된 화면을 직원에게 보여줬어요. 그런데 그 내용이 "수류탄을 가지고 있다"라는 말로 표현되어서 관광객이 갑자기 테러범이 되었어요. 이 관광객은 석류라는 말을 쓴 거였는데, 번역기 앱은 포루투갈어로 수류탄으로 번역을 한 거였어요.[47]

또 다른 사례는 제가 직접 겪은 내용입니다. 저의 영어회화 선생님은 캐나다 사람인 죠앤Joanne입니다. 그녀와 저는 오랜 시간 만난 사이입니다. 그러던 중 제가 너무 바빠서 3달간 못 보다가 다시 죠앤 선생님을 만나는 날에 선생님은 저에게 이렇게 메시지를 보냈어요.

Hi~

Well hello stranger. How are you?

〈그림 44〉 죠앤 선생님과의 대화 메시지.

"Well, hello Stranger. How are you?"

만약에 이 뜻을 모르면 구글 번역기나, 파파고에서 검색해 보면 쉽게 알 수 있어요.

두 개의 번역기는 비슷한 결과를 보여줍니다. 그런데 이 뜻이 맞을까요? 저와 오랜 기간을 만나온 선생님이 저에게 장난으로 "낯선 사람"이라고 말했을까요? 문자 그대로 해석하면 틀리지 않았어요. 하지만 이 상황에서는 틀린 번역입니다. "Hello stranger"는 여러분이 잘

〈그림 45〉 번역 어플이 한국어로 옮긴 죠앤 선생님의 메시지.

알 수 있는 영어로 말하면, "Long time no see"와 같이 오랜만에 만난 친한 사람에게 하는 말입니다. 이러한 사례처럼 번역기는 맥락에 맞는 말을 반영하지 못하고, 있는 그대로 해석하는 경우가 많습니다. 만약 이 뜻을 알지 못한다면 얼마나 마음에 상처가 되겠어요. '나는 선생님과 친하다고 생각했는데 한동안 못 봤다고 나를 낯선 사람이라 말하는 거야?'라고 오해할 수도 있잖아요.^^

이 사례에서 알 수 있듯이 번역기는 동일어나 신조어에 대해서는 대체로 잘못된 결과를 보여줘요. 그리고 내가 하고자 하는 말을 정확히 번역하지 못하고 많은 부분을 생략하거나, 의미를 축소해 버리기도 합니다. 이러한 편리함에 의존하게 된다면, 잘못된 것조차도 알지 못한 상태에서 상대에게 내 말을 전달하게 된다면, 정말 내가 말하고자 했던 내용과 전혀 다른 말이 전달될 수 있겠죠.

게다가 사람들은 자신만의 말투가 있어요. 그래서 사람마다 말하는 방식이 다를 수 있고, 사투리를 쓸 수도 있어요. 이처럼 같은 말이지만 다양하게 표현될 수 있어요. 여러분이 너무나도 맛있는 음식을 먹었다면 어떤 식으로 표현할 건가요? "맛있다", "너무 맛있어", "정말 맛있어"라고 말할 수 있죠. 하지만 너무나도 맛있었다면 맛 표현을 다르게 표현할 수도 있어요. '둘이 먹다가 하나가 죽어도 모르는 맛', '눈이 번쩍 뜨이는 맛'처럼 상황과 그 사람이 느낀 감정을 번역기는 정확히 표현할 수 있을까요?

틱톡에 올라온 영상에서 일본인이 한국말을 하는 영상이 있어요(〈그림 46〉). 영상에 나오는 여성은 "한국어 교과서 버전으로 '맛있다'는 일본어로 '오이시-'구나"라고 말합니다. 잠시 뒤 이 여성은 실제 한국인들이 실생활에서 사용하는 버전으로 다시 말합니다.

죽인다, 미쳤는데, 와 대박이다, 왔다 재밌다(백종원 대표 느낌), 존맛, 끝내준다, 개맛있다, 쥑이네, 살살 녹는다, 존맛탱, 이건 반칙이지, JMT

〈그림 46〉 일본인의 한국어 공부 영상. '맛있다' 표현.[48]

이 영상은 교과서 버전으로는 '맛있다'라 하지만 실제 한국인들은 다른 방식으로 사용한다는 것을 재미있게 표현했어요. 여러분도 맛을 다양하게 표현하고 있을 거예요. 하지만 번역기에서는 여러분들이 느끼고 말하고자 하는 맛에 대한 표현을 정확하게 번역할 수가 없어요.

그리고 많은 사람이 번역기에 의존한다면 비슷한 상황에서 거의 다 동일하게 번역된 영어 문장을 말하게 되는 상황이 발생하지 않을까요? 우리는 상황에 따라서 다르게 말할 수 있고, 그 당시의 감정과 자신의 의지에 따라 다양한 표현이 나올 수 있어요. 문학이나 시와 같은 작품에서는 더더욱 깊은 의미를 담고 있는 표현이 필요해요. 그러나 구글번역기와 파파고는 여러분이 말하고자 하는 바로 '그것'을 적확하게 표현할 수가 없어요.

주의할 점이 또 있어요. 〈그림 47〉은 네이버 파파고를 사용할 때 아래에 나오는 '책임의 한계와 법적 조치'를 클릭하면 나오는 부분입니다.

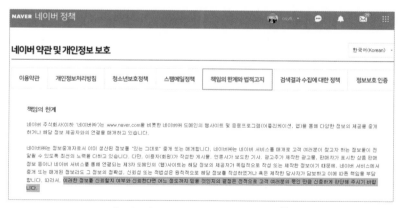

〈그림 47〉 네이버 약관 및 개인정보 보호.[49]

이러한 정보를 신뢰할지 여부와 신뢰한다면 어느 정도까지 믿을 것인지의 결정은 전적으로 고객 여러분의 몫인 만큼 신중하게 판단해 주시기 바랍니다.

이 글에 담긴 뜻은 "우리는 책임지지 않아. 그러니까 네가 결정하고, 선택할 때는 신중하게 해"입니다. 여러분은 여러분의 선택에 따른 결과를 책임질 수 있나요?

그럼, 미디어에서 여러분에게 보여주는 것들을 어떻게 생각해야 할까요? 구글 번역기나 네이버 파파고에서 번역 결과를 여러분에게 보여준 것처럼, 미디어에서 제공하는 영상에 대해서 선택은 여러분이 할 수 있어요. 다만, 번역 결과에 오류가 있는 것처럼 미디어도 오류가 있을 수 있어요.

그래서 여러분이 구글 번역기나 네이버의 파파고 그리고 미디어에 의존하기보다는, 스스로 정보를 파악하고 이해하는 것이 중요해요. 내가 알아야 정확하게 판단할 수 있어요. 선택은 쉬워요. 그러나 여러분의 선택에 따른 책임은 오로지 여러분 자신의 몫이라는 점을 반드시 기억해야 합니다.

앞의 글을 읽고, 어떤 생각이 들었나요?
(간단한 문장이라도 좋으니, 여러분의 생각을 글로 써 보세요. 단, 완벽한 문장이 되도록 써 보세요)

앞의 글은 제가 앞에서 말한 3가지 작은 결론 중에 어느 것을 말하려고 했을까요? 여러분의 선택과 그 이유를 적어 보세요
(정답은 없으니, 여러분의 생각을 자유롭게 적어 보세요)
(①나를 알자(너 자신을 알라), ②의도 찾기(왜 만들어졌을까?), ③미디어에 기대지 않기)

하 하 하 낯설다, 나

질문의 힘

앞의 글을 읽고 난 후 떠오르는 질문을 5개 만들어 보세요.
질문의 대상은 글을 쓴 작가, 부모님, 친구, 또는 자신이 될
수 있어요. (여러분의 질문을 통해 미디어를 보는 능력은 level up,
up, up!)

드라마가 끝나고 난 뒤

여러분이 너무나도 재미있게 본 드라마가 끝났다고 생각해 보세요. 드라마의 첫 회부터 최종회까지 모두 봤다면, 여러분의 머릿속에서 드라마의 내용이 바로 사라질까요? 아니겠죠. 만약 이번 드라마가 내 인생에서 최고의 작품이라면 더더욱 오랫동안 여러분의 머릿속에 남아있을 거예요.

　드라마는 실제 상황이 아니죠. 그렇지만 드라마는 마치 우리 주변에서 볼 수 있을 것 같은 이야기를 소재로 만들어졌기 때문에 때론 드라마와 현실을 구별하기가 어려울 때도 있어요? 제 경험상으로도 정말 재미있게 본 드라마의 경우 현실과 구별하기가 쉽지 않다고 종종 느낍니다. 여러분은 어떤가요? 드라마를 보면서 스스로에게 '이건 가상이야', '이건 꾸며 낸 이야기야'라고 주문을 걸 듯이 말하고 나면 구별이 잘 될까요?

우리 한 번 생각해 보죠. 〈그림 48〉의 흰곰을 3초간 봐주세요.

〈그림 48〉 흰곰.

잘 보셨나요? 자~, 이제부터 제가 여러분에게 당부할 게 있어요. 이번 이야기가 끝날 때까지 "흰곰을 생각하지 마세요." 흰곰을 생각하지 않도록 여러분의 뇌를 잘~ 컨트롤 해보세요. "절대로 흰곰을 생각하지 마세요. 절대로요." 지금부터 시작할게요.

─────── 흰곰 생각 금지 ───────

다시 드라마 이야기로 돌아와서, 여러분이 재미있게 보는 드라마가 있다면, 본방 사수 또는 몰아보기를 하거나, 짧은 클립으로 드라마를 보면서 그 드라마의 세계에 푹 빠지게 될 거예요. 드라마에서는 항상 무슨 일이 해결되면 또 다른 문제가 발생하고, 결정적인 단서를 보여줄 것만 같은데 다음 회차 예고가 나오면서 끝나는 순간, 아쉬움에 소리 질러본 적 있나요?

넷플릭스, 디즈니플러스, 웨이브, 티빙 같은 OTT*가 등장하면서 드라마를 한 번에 몰아보는 것이 가능해졌어요. 그래서 하루 이틀 만에 모든 회차를 볼 수 있지만, OTT가 등장하기 전에는 좋아하는 드라마의 다음 이야기를 보려면 일주일을 기다려야 했기에 다음 내용이 너무나도 궁금해서 못 참을 것 같았지요.

이렇게 여러분이 드라마에 푹 빠지게 되면, 그 드라마 내용도 즐겁지만 등장 인물에게 더욱 몰입하게 됩니다. 2022년 JTBC 드라마 〈나의 해방 일지〉는 시골과 다를 바 없는 곳에서 살고 있는 평범한 세 남매가 어느 날 답답함이 한계에 다다르자 각자 자신의 길을 찾아 나서는 드라마입니다. 이 이야기에서 세 남매도 아닌 대사도 몇 마디 없는 낯

〈그림 49〉 TV 드라마 〈나의 해방 일지〉에 등장하는 구 씨(손석구).[49-1]

● OTT: Over-the-top의 줄임말. 영화, 시리즈물, TV 방영 프로그램 등의 미디어 콘텐츠를 인터넷을 통해 소비자에게 제공하는 영상서비스.

선 사람으로 나오는 '구 씨'가 시청자들로부터 큰 사랑을 받았어요(〈그림 49〉). 그 당시 유명하지도 않았던 배우 손석구 씨는 본인의 이름보다는 극 중 캐릭터인 '구 씨'로 불리며 '구 씨 앓이'라는 신조어를 만들어 내기도 했어요. 이 드라마에서 크게 유행했던 말은 막내딸 염미정 역의 김지원 씨가 구 씨에게 "날 추앙해요"라고 한 말이었어요. 이 말은 유행어처럼 퍼져 나갔고, 다양한 곳에서 사용되었어요.

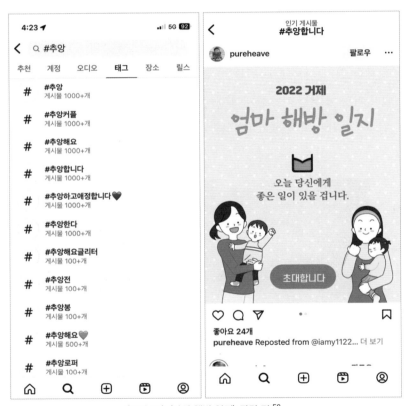

〈그림 50〉 〈나의 해방 일지〉 관련 밈.[50]

각종 뉴스에서는 추앙이라는 단어를 가지고 뉴스 리포트가 제작되었어요. 개그 프로그램에서도 추앙을 주제로 한 개그 코너가 만들어졌고, '구 씨'와 '추앙'에 대한 밈meme이 유행하기도 했습니다. 인스타그램에서 추앙이라는 해시태그를 검색하면 〈그림 50〉에서 볼 수 있듯이 많은 글에 해시태그로 사용되었어요. 또한 드라마 제목인 〈나의 해방 일지〉는 '엄마 해방 일지', '아버지의 해방 일지' 등 다양한 버전으로 만들어지기도 했어요. 이렇게 드라마는 단순히 드라마로 끝나는 것이 아니에요.

그럼, 〈나의 해방 일지〉가 끝나면 '추앙합니다', '구 씨 앓이'는 사라질까요? 아니요, 드라마는 가상일지 몰라도 그 세계관은 계속 이어지게 됩니다. 드라마가 끝난 시점에 배우 손석구 씨 주연의 영화 〈범죄도시 2〉가 개봉되었어요. 이때 많은 사람은 〈나의 해방 일지〉의 구 씨를 생각하면서 영화관을 찾았고, 손석구 배우 역시 〈나의 해방 일지〉의 영향으로 온 많은 팬에게 본인을 소개할 때, "손석 구씨입니다"라고 말했어요(〈그림 51〉). 드라마가 끝났어도 시청자들 마음속에는 그 드라마

〈그림 51〉 영화 〈범죄의 도시 2〉[51] 관련 반응.

의 가상 세계는 남아있고 그와 관련된 2차 콘텐츠 역시 계속해서 만들어져요. 그리고 '구 씨'라는 드라마 캐릭터는 손석구 배우에게 늘 따라붙게 될 거예요.

이러한 사례는 여러분이 재밌게 본 드라마의 인물(캐릭터)이 광고에서도 드라마와 비슷한 콘셉트로 나오거나, 다른 드라마에서도 그 역할을 생각나게 만드는 장면을 볼 수 있을 거예요. 그렇더라도 가상 세계의 인물(구 씨)과 현실의 사람(손석구)을 분별할 수 있어야 합니다.*

하나 더, 공간과 배경에 대해 이야기해볼까요?

2016년에 방송한 tvN 드라마 〈도깨비〉도 시청자로부터 많은 사랑

〈그림 52〉 TV 드라마 〈도깨비〉에 등장하는 주문진의 '도깨비 방파제' 장면.[52]

● 시뮬라르크simulacrum: 실제로는 없지만, 마치 있는 것처럼 느껴지는 것을 말해요. 예를 들어, 드라마 속 주인공이 가상의 인물이라는 걸 알지만, 드라마에 몰입하면 드라마 속 주인공이 현실에서 살고 있는 사람처럼 느껴지는 경우가 되겠죠.

을 받은 작품입니다. 이 드라마는 2017년에 끝났지만, 아직 끝나지 않은 곳이 있습니다. 그건 바로, 드라마의 촬영 장소예요. 강릉 주문진에 있는 도깨비 방파제와 캐나다 퀘벡 매년 많은 관광객이 드라마 〈도깨비〉를 다시 느끼고자 찾아오는 공간이 되었어요.

드라마는 끝났어도 많은 사람에게는 그 여운이 남아 드라마 촬영 장소를 찾게 됩니다. 촬영 장소에 직접 가서 보면 끝난 드라마이지만 여전히 현실처럼 느껴질 수 있어요. 하지만 이 점은 꼭 알고 가야 합니다. 이 드라마 촬영 장소 역시 감독이 의도적으로 연출한 부분이라는 거죠. 강릉 주문진 방파제, 캐나다의 퀘벡 역시 원래의 이름과 역사가 있는 곳이지만, 드라마를 재미있게 본 사람들에게는 기존의 이름과 역사보다는 드라마 속 연출된 상황만 남게 될 수 있다는 것을 알아야 해요.

하나 더. 여러분은 만화 〈드래곤볼〉을 아나요? 제가 초등학교, 중학

〈그림 53〉 TV드라마 〈도깨비〉의 촬영이 이루어진 강릉 주문진(사진 왼쪽)과 캐나다 퀘벡 풍경
(사진 오른쪽).[53]

교 때 매우 인기 있었던 만화였어요. 이후 애니메이션으로도 만들어져 더 큰 인기를 얻기도 했죠. 그래서 저와 나이가 비슷한 분들에게는 만화 〈드래곤볼〉은 추억이고, 이 만화와 관련된 에피소드가 많이 있을 거예요. 그런데 2024년 3월 1일 〈드래곤볼〉을 그린 작가분(토리야마 아키라)이 세상을 떠났어요. 저는 그분의 죽음 소식을 들었을 때, 개인적으로는 그 작가를 모르지만 잠시 슬픔에 젖었어요. 아마도 저처럼 이런 감정을 느낀 분들이 많을 거라 생각돼요. 왜냐면 저와 같이 만화 〈드래곤볼〉에 대한 추억이 있는 사람들에게는 〈드래곤볼〉 작가의 죽음이 내 친구의 죽음처럼 크게 느껴질 수 있으니까요. 그래서 작가의 죽음 소식이 뉴스를 통해서 전 세계에 알려졌을 때, 각종 SNS에서는 〈그림 54〉처럼 〈드래곤볼〉에 등장한 캐릭터들이 이 작가의 죽음을 추모하는 모

〈그림 54〉 〈드래곤볼〉 작가의 별세를 애도하는 모습들.[54]

습이 많이 올라왔어요. 뿐만 아니라 다양한 사람들이 슬픈 감정을 표현하는 글들도 많이 올라왔어요.

드라마, 영화 그리고 만화는 단순히 보고, 듣는 것으로 끝날 수 있어요. 하지만 여러분에게 특별한 경험을 제공한 드라마, 영화, 그리고 만화가 있다면 아마도 여러분과 함께 오래오래 같이 있을 거예요. 비록 마지막 회를 봤어도, 영화배우가 죽어도 그 이야기는 끝나지 않을 거예요. 여러분이 좋아했던 그 드라마, 그 영화, 그 만화 캐릭터가 실제 살아 있는 사람처럼 느껴질 수도 있다는 것을 알아야 해요. 기술의 발전으로 실제와 가상이 혼합되고 그 경계가 희미해지고 있기에 그것을 구분할 수 있는 능력이 더욱 필요해졌어요.

이제 글을 정리하려고 해요. 그런데 혹시…앞에서 말한 '흰곰' 때문에 힘들지는 않았나요? 이제 흰곰을 생각해도 되니까, 흰곰 생각 때문에 이번 글이 정확히 이해되지 않았다면 다시 한번 읽을 것을 추천해요.

제가 왜 흰곰 테스트를 진행했을까요? 그건 바로 여러분이 무언가를 통제받으면, 그 반작용으로 다음에 해야 하는 일에서 스스로 통제가 되지 않을 수 있다고 해요.[55] 마치 "너 이거 이거는 하지 마!"라고 하면, 오히려 평소와 다른 행동을 한다든지, 글이나 말의 이해 능력이 떨어진다든지, 충동적인 행동을 하는 현상이 나타난다고 해요.•

여러분에게는 어떤 증상이 나타난 것 같나요? 저는 이번 글을 통해

• 자아 고갈ego depletion: 어떤 일을 참거나 스스로를 많이 억제하려고 하면, 너무 많은 힘을 써서 다른 일들을 잘 참거나 통제하기가 힘들어지는 걸 말해요.

서 드라마가 현실과 거의 흡사한 가상의 세계를 보여주기 때문에 여러분은 현실과 가상을 구별할 줄 알아야 한다고 말했어요. 드라마에 등장하는 캐릭터나 전개되는 이야기가 마치 현실에도 존재할 것 같은 스토리이기 때문에 여러분은 스스로를 잘 통제해야만 해요. 더욱이 잘 만들어진 드라마는 보는 사람들을 강하게 빠져들게 합니다. 내 감정과 내 생각을 초집중하게 만드는 '몰입'이라는 특별한 경험을 하게 된다면 더더욱 현실과 드라마의 구분이 쉽지 않을 수 있어요.

미디어는 우리 일상 속에 큰 영향을 미치고 있어요. 그리고 스스로 통제하는 것이 쉽지 않아요. 앞에서 경험한 것처럼, 나의 의지와는 달리 흰곰이 자꾸 떠오를 수 있어요. 즉, 우리 곁에서 언제나 만날 수 있는 미디어로부터 나 자신을 지키기 위해서는 어려움이 따를 수 있습니다. 그리고 매 순간 나를 통제하는 건 쉽지 않아요. 이런 상황에서 여러분이 몸에 밴 습관처럼 자연스럽게 사용할 수 있는 강력한 능력이 필요해요. 그게 바로 미디어 리터러시입니다.

미디어 리터러시는 미디어를 볼 때 한 번 더 생각하고, 내가 이해한 내용이 아닐 수도 있다는 점을 생각하고, 다른 시선으로도 확인하는 능력을 말해요. 그런데 이런 용어에 집중하지 않아도 됩니다. 미디어 리터러시는 이론이 아니라 여러분이 일상생활에서 자연스럽게 사용하는 능력이 되어야 하기 때문이에요. 용어가 생각나지 않아도 좋으니, 다양한 미디어를 볼 때, 여러분 스스로가 '잠시 한 번 더 생각해 보자'라는 마음가짐만 있으면 됩니다. 그래서 여러분의 일상생활에서 미디어 리터러시가 생활화된다면 건강한 미디어 소비 습관이 가능할 거라 생각해요.

앞의 글을 읽고, 어떤 생각이 들었나요?
(간단한 문장이라도 좋으니, 여러분의 생각을 글로 써 보세요. 단, 완벽한 문장이 되도록 써 보세요)

앞의 글은 제가 앞에서 말한 3가지 작은 결론 중에 어느 것을 말하려고 했을까요? 여러분의 선택과 그 이유를 적어 보세요
(정답은 없으니, 여러분의 생각을 자유롭게 적어 보세요)
(①나를 알자(너 자신을 알라), ②의도 찾기(왜 만들어졌을까?),
③미디어에 기대지 않기)

앞의 글을 읽고 난 후 떠오르는 질문을 5개 만들어 보세요.
질문의 대상은 글을 쓴 작가, 부모님, 친구, 또는 자신이 될
수 있어요. (여러분의 질문을 통해 미디어를 보는 능력은 level up,
up, up!)

part 3

왜 자꾸 끌리는 걸까?

(9)

너는 지금 떡볶이가 먹고 싶다

너는 지금 떡볶이가 먹고 싶다……나는 지금 커피가 마시고 싶다……
당신은 지금 치킨이 당긴다……. 마치 최면을 거는 것 같은 간판을 종
종 볼 수 있을 거예요(〈그림 55〉). 이러한 문구를 읽다가 보면 자기도 모
르게 이끌려서 그곳으로 들어가기도 해요.

　때로는 거꾸로 걸려있는 간판이나 현수막을 볼 수 있어요. 이것 역
시 실수가 아니라면 의도가 있겠죠. 바로 여러분의 시선을 확보하기 위

〈그림 55〉 고객을 세뇌하는 듯한 이름의 치킨 체인점.

한 방법 중 하나입니다. 그렇다면 인터넷 속에서 여러분의 관심을 집중시킬 수 있는 것은 무엇일까요?

"[단독] 보이 그룹 A군과 걸 그룹 B양 연인관계"

인터넷 뉴스사이트에서 이런 제목을 봤다면 여러분은 이 기사를 클릭할 것 같나요?(〈그림 56〉) 만약 여기서 언급된 보이 그룹 A군, 또는 걸 그룹 B양이 평소에 내가 가장 좋아하는 연예인이었다면 어떨까요?

〈그림 56〉 '낚시성 제목'으로 주목을 끌려는 인터넷 기사.

너무나 궁금해서 기사 제목을 클릭해서 들어가면 어떤 내용이 있을까요? "보이 그룹 A군과 걸 그룹 B양은 드라마에서 연인으로 출연한다"라고 쓰여 있는 인터넷 뉴스를 본 경우, 우리는 흔히 "낚였다"라고 말합니다. 하나 더 볼까요?

〈그림 57〉의 인터넷 뉴스는 "레드벨벳 웬디, 갑작스러운 이별 발표"

레드벨벳 웬디, 갑작스러운 이별 발표… 9일 전해진 소식 (+이유)

♻ ♦ 66 ♡ 291

〈그림 57〉 걸 그룹 레드벨벳 멤버의 '이별'을 알리는 온라인 뉴스.[56]

라는 제목이 되어 있어요. 이런 제목이 있다면 여러분은 이 기사를 보려고 클릭할 것 같나요? 여러분이 생각하는 이별 발표는 어떤 거라고 생각하나요? 이 기사의 내용을 보여드릴게요.

여기서 말하는 이별은 남녀 간의 이별이 아닌, 레드벨벳의 웬디가 그동안 진행했던 라디오 프로그램을 그만두게 되었다는 의미였어요.

그런데, 여러분이 국어 시간에 배운 지식으로는 '제목'이 매우 중요한 역할을 담당합니다. 제목은 작성된 글에 대한 핵심적인 내용을 담고, 글의 정보도 주어야 합니다. 하지만 앞의 사례처럼 뉴스 기사의 제목이나, 유튜브의 썸네일은 우리가 알고 있는 제목의 역할이 아닌 경우가 많아요.

〈그림 58〉 클릭을 유도하는 기사 제목.

사람들의 궁금증을 유발하거나, 자극적인 제목을 사용하고 있어요. 때로는 해당 내용과는 전혀 관련 없는 제목도 사용되고 있어요.

그런데 왜? 이렇게 하는 걸까요? 그건 바로 여러분의 선택을 많이 받기 위해서입니다. 여러분도 이러한 내용을 많이 봤기 때문에 쉽게 이해할 수 있을 거라 생각해요. 흔히 "어그로 끈다"라고 하듯이 사람들의 호기심을 자극해서 원하고자 하는 것을 이루고자 해요.

그럼 여기서 질문! 기사 제목이나 썸네일만 여러분을 낚을까요? 예상했겠지만, 우리 주변에서 여러분을 낚으려고 하는 것이 아주 많아요. 여러분은 이 광고 노래를 들어본 적 있나요?

> ♬해커스 공무원 합~~~~격, 해커스 공인중개사 합격.... 한~번의 합격 해 커스 ♪

이 광고는 '해커스 공무원 학원'의 CM송(광고 방송용 노래)입니다. 노래에서 합격을 기원하듯, 수험생들은 합격을 위해 공부합니다. 그런데 만약 내가 공무원을 준비하려면 어떻게 시작해야 할까요? 내 주위에 공무원을 준비한 사람이 없다면, 우리는 어떤 선택을 할 것 같나요? 우리가 앞에서 이야기한 '왜 사람들은 스타벅스의 비싼 커피를 마실까?' 부분에서 말했던 내용처럼 다양한 정보에 기댈 수도 있습니다. 그리고 자신의 기억에 있는 '광고에서 본 것 같은데', '지나가는 버스에서 본 것 같은데'와 같이 일상 속에서 자주 접했던 광고들을 다시 한번 떠올릴 수도 있습니다.

〈그림 59〉 해커스 공무원학원 광고.[57]

134

여러분은 〈그림 59〉와 같은 광고를 보면 어떤 생각이 들어요?

이 광고에서 강조하는 것이 뭐라고 생각하나요? 그건 바로 1위 학원과 최단기 합격이겠죠. 참고로 이건 실제 광고입니다. 그렇다면 여러분이 공무원학원을 찾는 수험생이라면 이 광고를 보면 어떤 생각이 들까요? 아마도 이곳이 자기가 그토록 꿈꾸고 바라던 공무원 합격을 그것도 최단기에 합격 시켜 줄 수 있는 1등 학원이라고 생각할 수 있겠죠? 여러분은 어떻게 생각하나요?

그런데…….

〈그림 60〉 과장 광고로 과징금을 내게 된 학원을 알리는 TV뉴스.[58]

해커스(챔프스터디)가 거짓 및 과장 광고를 한 행위로 과징금을 받게 됐어요. 앞에서 본 광고에서 무엇이 거짓이고, 과장된 정보였을까요? 그건 바로 엄청나게 큰 글자에 담긴 정보입니다. 우리의 관심을 집중시

키는 광고의 큰 글자 아래에는 아주아주 작은 글자가 쓰여 있는데 이 작은 글씨로 써진 문장에는 여러분이 꼭 알아야 할 중요한 정보가 있어요. 실제 이 광고에 적혀있는 작은 글자의 내용은 이렇습니다.

〈그림 61〉 보는 사람이 놓치기 쉬운 작은 글자로 된 실제 정보.

앞에 보이는 광고에서는 1등을 강조하고 있는데, 과연 이 1등은 누구를 대상으로 조사한 결과인지 알 수 있었나요? 그 1등에 대한 근거는 광고의 아랫부분에 작은 글자로 나와 있어요. 그래서 이러한 문제에 대해 공정거래위원회에서는 "1위의 근거 문구는 전체 광고 면적 대비 3~10%(대부분 약 5%)에 불과한 면적 내에 기재하면서, 5센티미터 크기의 작은 글자와 최대 31자에 이르는 글자 수로 소비자들이 해당 문구를 인식하기 어렵게 제시하였다"고 과장광고로 판정한 이유를 밝혔어요.

여러분이 좀 더 쉽게 이해할 수 있게 예를 들어서 설명할게요. 행복

중학교 1학년 오승용은 1학기 중간고사 시험에서 '도덕' 과목에서 1등을 했어요. 전체 과목에 대한 성적은 전교 50등이었어요. 그런데, 오승용 학생이 다니는 학원에서 오승용 학생이 1등 했다고 현수막을 걸었어요(〈그림 62〉). 이렇게 말이죠.

＊경 오승용 1등 축＊
너도 가능해 학원(010-1234-56＊＊)

(행복 중학교 1학기 중간고사 도덕 점수 결과 기준)

〈그림 62〉 오해를 불러일으키는 학원 광고.

지나가는 사람들이 이 현수막을 보면 어떤 생각을 할 것 같나요? '너도 가능해 학원은 1등을 하는 학생을 가르치는 학원이구나'라고 생각할 수 있겠죠. 그런데 오승용 학생이 행복중학교 전교 1등이 아닌 것을 아는 사람이 학원에 찾아와서 "오승용이 전교 1등이 아니잖아요"라고 항의합니다. 이때 이 학원 원장님은 이렇게 말합니다.

"우리는 도덕 점수가 1등이라고 말했는데요."

"어디요?"

"현수막 맨 아래에 쓰여 있잖아요."

행복중학교 1학기 중간고사 도덕 점수 결과 기준

이렇게 큰 글씨와 화려한 색의 문구가 쓰여 있는 현수막을 보는 사람들은 저 문구를 보고서 어떤 생각을 할까요? 그리고 아주 작은 글씨로 쓰여 있는 '행복중학교 1학기 중간고사 도덕 점수 결과 기준'을 볼수는 있을까요? 아마도 많은 사람이 보지 못할 거예요. 그렇기 때문에 공정거래위원회는 해커스가 관련 근거(이유)를 너무 작게 만들었고, 마치 해커스가 다른 학원보다 더 좋은 학원처럼 사람들에게 오해하게 할우려가 있다고 판단해서 과징금을 부과했어요.

그런데, 해커스만 그런 광고를 한 것이 아니에요. 많은 곳에서 이렇게 홍보하였고, 지금도 여러분 주위에서 볼 수 있어요. 그리고 이러한 문제는 오래전부터 있었어요. 그래서 이러한 상황이 발생할 때, 참고할수 있는 대법원 판결 결과가 있어요. 이것을 일명 '홈플러스의 1mm 글씨'(대법원 2016도13263 판례)라고 말하기도 해요.

이 판결문에는 이런 말이 들어있어요.

경품행사를 진행하면서 그와 같은 목적을 숨긴 채 고객들을 속이거나 고

〈그림 63〉 대법원 판례.[59]

객들로 하여금 잘못 알게 할 우려가 있는 광고를 하면서 개인정보 수집 및 제3자 제공에 관한 내용은 응모권 뒷면이나 응모화면에 읽기 어려운 약 1mm 크기의 글씨로만 고지하였고……

이 판결문은 2017년의 결과입니다. 하지만 이와 비슷한 사례를 지금도 TV 광고나 신문광고, 온라인 광고에서 여러분도 쉽게 볼 수 있어요. 가장 크게 적은 글자를 통해 여러분의 시선을 잡고, 그런 뒤 여러분의 선택을 유도한다는 것을 이해하고 앞으로는 작은 글씨에도 관심을 줬으면 해요. 만약 작은 글씨를 읽지 않았다면, 여러분이 나중에 불만족을 느껴 해당 업체에 항의하면 그쪽에서는 이렇게 말할 거예요.

"저희는 분명히 말했어요(작은 글씨로)."

(*참고로 해커스 학원은 많은 학생이 꿈을 이룰 수 있게 돕는 학원입니다. 다만, 특정 기간에 광고한 부분이 보는 사람으로 하여금 오해를 갖게 한 부분이 있었기에, 공정거래위원회로부터 과징금 조치를 받았어요. 하지만 이건 한 부분이니, 여러분은 전체를 보려는 노력이 필요해요. 이 학원에서 홍보하는 방식에서 문제점 또는 오해할 소지를 만들어서 과징금을 받았다는 그 사실만, 딱 그 부분만 생각했으면 해요. 왜냐하면, 여러분이 이 학원에 과징금이 부과되었다는 뉴스를 접한 뒤 이 학원 전체에 대해 안 좋은 이미지를 가진다면, 이 학원을 통해 수많은 학생이 자신의 꿈을 실현했다는 사실은 놓쳐버릴 수 있기 때문입니다. 우리는 좀 더 넓게 봐야 해요. 그리고 넓게 보려는 노력이 필요해요.)

앞의 글을 읽고, 어떤 생각이 들었나요?
(간단한 문장이라도 좋으니, 여러분의 생각을 글로 써 보세요. 단, 완벽한 문장이 되도록 써 보세요)

앞의 글은 제가 앞에서 말한 3가지 작은 결론 중에 어느 것을 말하려고 했을까요? 여러분의 선택과 그 이유를 적어 보세요
(정답은 없으니, 여러분의 생각을 자유롭게 적어 보세요)
(①나를 알자(너 자신을 알라), ②의도 찾기(왜 만들어졌을까?),
③미디어에 기대지 않기)

질문의 힘

앞의 글을 읽고 난 후 떠오르는 질문을 5개 만들어 보세요.
질문의 대상은 글을 쓴 작가, 부모님, 친구, 또는 자신이 될
수 있어요. (여러분의 질문을 통해 미디어를 보는 능력은 level up,
up, up!)

주인공이 악역이 되는 매직

세계 3대 영화제가 있어요. 프랑스에서 열리는 칸 영화제, 이탈리아에서 열리는 베니스 영화제, 그리고 독일에서 열리는 베를린 영화제가 세계 3대 영화제로 꼽혀요. 그중 2019년 프랑스의 칸 영화제에서 최고의 상으로 여겨지는 '황금종려상'을 받은 한국 영화를 아나요? "너는 계획이 다 있구나"란 유행어를 낳았죠. 혹시 기억나나요?

    제가 말한 영화는 봉준호 감독의 작품인 〈기생충〉입니다. '15세 관람가'라서 본 사람도 있고, 못 본 사람도 있을 거예요. 하지만 앞에서 말한 것처럼 칸 영화제는 세계에서 유명한 영화제 중 하나이고, 이 영화제에서 최고의 상을 받은 〈기생충〉은 전 세계적으로 보고 싶고, 궁금한 영화가 되었습니다. 그래서 영화〈기생충〉은 〈그림 64〉처럼 프랑스, 영국 그리고 국제 홍보용으로 포스터를 제작했어요. 우리가 알고 있는 것과는 많이 다르죠.

〈그림 64〉 세계 각국의 상황에 맞춘, 영화 〈기생충〉의 다양한 포스터.[60]

그럼, 국내 반응은 어땠을까요? 세계 3대 영화제에서 수상한 작품
이라는 이유만으로도 많은 사람이 극장을 찾았어요. 하지만 이 영화
를 본 사람들의 평가는 좀 나뉘었습니다. 왜냐하면 이 영화는 '지하'와
'지상'에 대한 아주 어려운 철학을 담고 있거든요. 즉, 이해하기 어려울
수도 있는 영화이기도 합니다.

덕분에 이때 주목받은 사람이 있습니다. 바로 빨간 안경이 생각나
는 이동진 영화평론가입니다. 이동진 평론가는 아주 긴 영화를 한 줄
평으로 잘 정리하는 분으로 유명합니다. 그래서 그가 세계적 영화인 〈
기생충〉을 한 줄 평으로 어떻게 평가할지 많은 사람이 궁금해했어요.
그리고 드디어 그 한 줄 평이 공개됩니다.

기생충 한 줄 평 ★4.5

: 상승과 하강으로 명징하게 직조해낸 신랄하면서 처연한 계급 우화

자! 여기서 질문. 이동진 평론가가 말하는 저 한 줄 평을 듣고 이해한 사람? 아마 많은 분이 '이게 무슨 소리야?'라고 생각할 거예요. 이 때문에 네이버에 '명징'을 검색하면 '명징과 직조'가 연관 검색에 나올 정도였습니다(〈그림 65〉).

〈그림 65〉 영화 〈기생충〉의 한 줄 평에 대한 논란을 다룬 방송의 한 장면.[61]

그런데, 여러분은 이 점을 생각해야 해요. 영화 〈기생충〉은 상영 시간이 두 시간이 조금 넘는 131분짜리 영화입니다. 이 영화를 한 줄로 요약한다는 것은 쉬운 일이 아닐 거예요. 그러나 반드시 한 줄로 요약

해야 한다면 사용할 수 있는 것이 몇 가지 있어요. 그중 많이 사용되는 것은 스토리가 있는 사자성어나 한자를 사용할 수 있어요. 또는 많은 사람이 알고 있는 현상이나 이론을 쓸 수 있어요. 그리고 기존에 유명했던 작품을 언급하는 방법도 있습니다. 이러한 방법들을 사용한다면, 짧은 글이라도 아주 큰 뜻을 담을 수 있어요. 이동진 평론가 역시 영화 〈기생충〉의 한 줄 평에 한자와 '우화'라는 것을 사용해서 영화를 한 줄로 요약했어요.

그런데 이 점을 기억해야 해요. 요약은 모든 것을 다 담을 수 없어요. 그리고 이 한 줄 평은 사람에 따라 다른 내용이 될 수 있어요. "상승과 하강으로 명징하게 직조해낸 신랄하면서 처연한 계급 우화"는 이동진 평론가가 생각하기에 이 영화를 설명할 수 있는 것으로 정의 내렸지만, 제가 한 줄 평으로 만든다면 또 다른 관점에서 말할 거예요. 이 말은 사람에 따라 자신의 관점에 맞춰 요약은 다 다를 수 있다는 뜻이에요. 즉 '주관적인 편집'이라는 겁니다.

그럼, 미디어에서 영화 한 줄 평처럼 아주 짧게 압축해 사람들에게

〈그림 66〉 다양한 뉴스의 헤드라인.[62]

알려주는 표현이 뭐가 있을까요? 바로 방송 뉴스나 신문에서 볼 수 있는 헤드라인입니다(〈그림 66〉).

신문에서 가장 큰 글자로 사람들의 눈길을 끌면서 해당 기사를 쉽게 이해할 수 있도록 만든 제목을 헤드라인이라고 해요. 기사 맨 앞에 배치된 이 헤드라인을 보고서 신문을 살지 말지 결정하는 기준이 될 수 있어요. 그리고 방송의 경우 뉴스의 예고편처럼 오늘 방송될 뉴스 기사를 요약해서 알려주는 헤드라인을 통해서 해당 채널(방송국)에 오래 머무르게 할 수 있어요.

신문과 방송 모두에서 헤드라인은 해당 기사의 주요 내용을 요약하면서, 사람들의 궁금증을 이끌어 낼 수 있는 내용을 담아야 합니다. 그래서 이러한 헤드라인은 세부 내용을 더 알고 싶어 기사를 읽고 보도록 만드는 궁금증을 유발하는 문장으로 만들어야 합니다. 그렇기 때문에 헤드라인을 만드는 것은 쉬운 일이 아니에요. 생각하고 또 생각해서 만들어야 합니다.

그러나 여기서 중요한 점은, 방송사와 신문사에서 오랜 시간 고민을 해서 만든 헤드라인이라고 해도, 그것 역시 요약이라는 점입니다. 그리고 편집됐다는 점을 기억해야 합니다. 헤드라인만 보고 마치 그 뉴스를 다 봤다고 오해할 수도 있어요. 그렇기 때문에 정보를 오해하지 않기 위해서는 기자가 쓴 전체 기사와 방송 기자가 취재한 리포트를 봐야만 해요. 헤드라인만 본 것은 그 뉴스를 본 것이 아니라는 점도 기억해야 해요.

그럼, '요약'하면 생각나는 게 또 뭐가 있나요? 바로 영화 소개 프로그램입니다.

KBS, MBC, SBS에서 모두 영화 소개 프로그램을 방송하고 있어요. 이 프로그램들에서는 하나의 영화를 소개해 주기도 하고, 비슷한 영화끼리 비교도 해 주고, 출연 배우도 소개해 줘요. 이 영화 소개 프로그램은 영화사에서 제공하는 예고편을 단순히 보여주는 게 아니라 전체적인 요약과 함께 각 방송사에서 생각하는 내용을 추가해 다시 만듭니다. 그래서 KBS, MBC, SBS는

〈그림 67〉 영화를 요약, 소개해 주는
TV 프로그램.[63]

동일한 영화지만 모두 다르게 표현하게 됩니다. 긴 영화를 아주 짧게 표현하려니 어느 부분은 중요하게 만들고, 어느 부분은 상상력을 추가해 만들지, 방송사마다 생각이 다를 수 있기 때문이죠.

〈그림 68〉의 등장인물은 김경식 씨입니다. 이분은 MBC의 영화 소개 프로그램인 〈출발! 비디오 여행〉에서 전혀 다른 영화 두 편을 연결해 소개하는 '영화 대 영화' 코너에 나옵니다. 그는 이 코너에서 두 편의 영화를 너무나도 재미있게 설명해 줍니다. 그러다 보니 김경식 씨가 소개한 영화를 본 사람들 중에서 "재미있을 줄 알았는데 재미없었다"는 반응이 나오기도 합니다. 그래서 김경식 씨의 별명이 뭔지 아나요?

〈그림 68〉 영화를 너무나도 재미있게 소개해서 '사기꾼'이란 별명마저 얻은 김경식 씨.[64]

바로, '사기꾼'입니다.

여기서 말하는 사기꾼은 경찰서에 가야 하는 범죄자를 말하는 게 아닙니다. 〈출발! 비디오 여행〉 시청자들이 김경식 씨의 재미있는 영화 소개 때문에 자기가 매번 속는다고 해서 붙인 별명입니다.

그런데 말입니다('그것이 알고 싶다' 스타일입니다^^) '영화 대 영화' 코너에서 영화의 줄거리와 주요 장면을 많이 보여줬는데, 왜 많은 사람이 김경식 씨의 말에 자꾸 속아서 영화를 보는 걸까요? 여러분은 어떻게 생각하나요? 그 이유로 들 수 있는 게 요약을 봤기 때문입니다. 요약을 봤다고 본 내용을 다 아는 것은 아니거든요.

여러분은 2021년에 넷플릭스를 통해 공개된 〈오징어 게임〉을 봤나요? 이 드라마는 전 세계적으로 큰 인기를 끌었고 다양한 밈과 게임으로도 만들어졌어요. 그만큼 많은 사람이 〈오징어 게임〉을 봤어요. 그런데 〈오징어 게임〉은 총 9개의 에피소드로 구성되어 있어서, 약 8시간 30분을 들여야만 다 볼 수 있어요. 그래서 이 긴 시간을 투자하는 것이 어려운 분들이 찾는 것이 있습니다. 바로 유튜브에서 '오징어 게임 요약'을 검색하면 다양한 요약 콘텐츠를 볼 수 있습니다.

그중에서 사람들이 가장 많이 본 〈1분 만에 보는 오징어 게임〉 콘텐츠는 약 8시간 30분의 영상을 단 1분으로 요약한 콘텐츠입니다. 〈그림 69〉에서 확인할 수 있듯이 조회 수가 143만 회*나 됩니다.

〈그림 69〉 드라마 〈오징어 게임〉의 대표적인 압축 콘텐츠 〈1분 만에 보는 오징어 게임〉.[65]

왜 이렇게 많은 사람이 봤을까요? 아마도 그 이유는 두 가지로 볼 수 있어요. 첫째는 '내가 오랜 시간을 투자해서 봤던 드라마를 어떻게 1분으로 만들었지?'라는 궁금증에서 본 사람들이 있을 거예요. 저도 그랬어요. 그럼 두 번째는 시간을 아끼고 싶은 사람들입니다. 이 드라마는 국내뿐만 아니라 전 세계적으로 유명해져서 각종 밈에 코스튬 그리

● 2024년 10월 17일 기준.

고 게임까지 등장하면서 마치 모든 사람이 다 알아야 할 것처럼 되어버렸어요. 그렇기 때문에 사람들의 대화에서 〈오징어 게임〉이 자주 언급되었어요. 그러니 그들의 대화에 동참하려면 해당 영상을 봐야만 했죠. 그런데 8시간 30분이 아닌 1분으로 만들어진 콘텐츠가 있으니 얼마나 시의적절한 콘텐츠인가 싶었겠죠.

그런데 이 콘텐츠를 보고 난 뒤 사람들의 댓글을 보면, 본 사람과 보지 않은 사람들의 상반된 의견을 볼 수 있어요(〈그림 70〉).

시간 아끼자(안 본 사람들)	어떻게 가능할까?(본 사람들)
@user-pi1id2ci2h 2년 전 오징어게임을 안 본 나로써 1분 요약 개꿀~	@user-ml9rv8eg6z 2년 전(수정됨) 오겜 안본사람은 정재형이 ㄹㅇ 악역인줄 알겠네
@user-vg5cm6os3s 2년 전 이 영상 덕분에 인싸가 될 수 있었습니다	@user-nzjmk 2년 전 주인공이 악역이 되는 매직ㅋㅋㅋㅋ
@user-mz7pe6hp7c 1년 전 역시 안보길 잘했군 봤으면 잤을듯	@user-jh8mf3ld5o 2년 전(수정됨) 내가 알던 오징어게임이 아닌데
@user-iu6gd7bv7t 2년 전 이런 내용이었군요. 안봐도 되겠네요 감사합니다	@user-hm2yn1lw1k 2년 전 1분요약이 아니라 악마의 요약 ㅋㅋㅋ

〈그림 70〉 드라마 〈오징어 게임〉의 요약 콘텐츠를 본 사람들의 엇갈린 반응.

특히, 전체를 보지 않고 오직 '1분 요약 콘텐츠'만 본 사람들은 이 요약 콘텐츠의 내용이 진짜인 줄 알고, "안 보길 잘 했다"고 하는 경우가 많습니다. 그러나 전체를 본 그룹은 정반대의 의견을 내놓고 있습니다. "주인공을 악역으로 만드는 매직, 악마 요약"이라는 말로 완전히 다른 내용이 되었다는 의견입니다. 이러한 사례처럼 여러분은 일상생활에서 다양한 요약을 만나게 됩니다. 그런데 그 요약을 그대로 믿어서는 안 됩니다.

여러분이 보는 유튜브나 방송은 당연히 사람이 제작합니다. AI가 만드는 것 역시 사람이 통제를 해야만 만들 수 있어요. 그렇기 때문에 짧은 영상을 만들어야 한다면 그 짧은 시간 안에 수많은 내용을 꾸겨 넣어야 해요. 이때 사용할 수 있는 것이 바로 요약인 '편집'입니다.

그런데, 여러분은 이 요약된 또는 편집된 영상을 보고 자기가 모든 내용을 다 아는 것으로 착각할 수 있어요. 이건 인터넷 기사도 마찬가지입니다. 우리는 누군가가 요약해 주는 것을 그대로 자기 생각으로 삼으면 안 됩니다. 이 영상 또는 이 기사는 누군가에 의해 만들어진 것이며, 의도가 담겨 있으며, 많은 상황을 아주 짧은 영상이나 글로 표현했다는 점을 기억해야 해요. 그리고 내가 본 것만으로 해당 사건이나 내용을 다 안다고 착각하면 안 되겠죠. 그렇겠죠?^^

앞의 글을 읽고, 어떤 생각이 들었나요?
(간단한 문장이라도 좋으니, 여러분의 생각을 글로 써 보세요. 단, 완벽한 문장이 되도록 써 보세요)

앞의 글은 제가 앞에서 말한 3가지 작은 결론 중에 어느 것을 말하려고 했을까요? 여러분의 선택과 그 이유를 적어 보세요
(정답은 없으니, 여러분의 생각을 자유롭게 적어 보세요)
(①나를 알자(너 자신을 알라), ②의도 찾기(왜 만들어졌을까?),
③미디어에 기대지 않기)

앞의 글을 읽고 난 후 떠오르는 질문을 5개 만들어 보세요.
질문의 대상은 글을 쓴 작가, 부모님, 친구, 또는 자신이 될
수 있어요. (여러분의 질문을 통해 미디어를 보는 능력은 level up,
up, up!)

'슈퍼 이끌림'

여러분은 누군가가 알려주지도 않았는데, 자연스럽게 새 제품이나, 새로운 게임, 처음으로 다운로드 받은 애플리케이션app이지만 손쉽게 사용해 본 경험이 있나요? 특별히 교육도 받지 않았고, 누가 옆에서 알려주지도 않았는데 어떻게 그게 가능할까요? 여러분이 똑똑해서 그럴 수도 있지만, 사실 누군가가 미리 계획한 대로 여러분이 행동한 것일 수도 있어요. 이게 무슨 말이냐고요?

일명 '뽁뽁이'라고 불리는 포장지(〈그림 71〉)는 여러분의 집에서 쉽게 볼 수 있어요. 이 뽁뽁이는 제품이 깨지지 않도록 충격을 줄여주는 용도로 만들어졌지만,

〈그림 71〉 뽁뽁이 포장지.

이것이 여러분 손 위에 있다면 어떤 일이 벌어질까요?

왠지 모르게, 자꾸 터트리고 싶은 마음이 생기지 않을까요? 터지는 소리도, 터뜨리는 촉감도 재미있어서 어느새 모든 뽁뽁이를 다 터뜨린 경험은 없나요? 이번에 제가 여러분에게 소개하고자 하는 것은, 뽁뽁이를 누르고 싶게 만드는 그리고 사용 설명서를 읽지 않아도 쉽게 제품을 사용할 수 있게 만드는 특별한 디자인입니다. 이 디자인은 사용자들이 안전하고 편리하게 사용할 수 있도록 도와주고, 의도적으로 여러분의 행동을 조절하는 디자인이에요.•

TV의 개그 프로그램 또는 SNL 코리아에서 한국인의 특징을 재미있게 다루는 경우가 많아요. '찐한국인', '한국인 특징', '한국인 인증 방법'을 개그 소재로 삼아 많은 사람의 공감을 얻고 웃음을 주죠. 예를 들면 한국인의 특성이라는 '빨리빨리'를 주제로, 여러분도 실제로 해본 것 같은 상황을 표현합니다. 그럼 〈그림 72〉는 무엇을 의미할까요?

〈그림 72〉 식당 등의 출입문에 붙어 있는 '미시오', '당기시오' 안내문.

● 어포던스Affordance: 어떤 행동을 유도한다(행동유도성)

이 사진은 제가 가본 어느 식당에서 재미있다고 느껴 찍은 사진입니다. 개그 코너에서도 나오는 한국인 인증 방법 중 하나는 진짜 한국인은 '미시오'와 '당기시오'를 보지 않는다는 점입니다. 그래서 제가 갔던 식당에서는 손님들이 제발 문을 안전하게 열고, 닫는 것을 바라는 마음에 '미시오'와 '당기시오'를 한 개도 아닌 두 개씩 붙인 것 같아요.

그런데 왜 '미시오', '당기시오'를 문에 붙일까요? 그것은 주인이 정하기 나름이겠지만, 가장 중요한 것은 안전일 거예요. 식당에 들어오는 사람과 나가는 사람이 있을 경우 이러한 문구가 없다면 동시에 당기거나 밀면서 손님들이 다칠 수 있기 때문이죠. 그런데, 굳이 '당기시오', '미시오'를 붙이지 않아도 사람들이 쉽게 이해할 수 있는 문이 있습니다.

〈그림 73〉처럼 보이는 문이 있다면, 손잡이가 있는 곳은 당겨야 하고, 패드가 있는 곳은 밀어야 한다는 것을 쉽게 알 수 있습니다. 이처럼 디자인만으로도 여러분의 행동을 문을 만든 사람의 의도대로 유도할

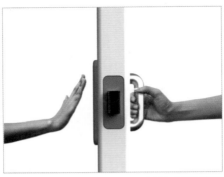

〈그림 73〉 밀어야 하는지 당겨야 하는지를 디자인 자체로 알려주는 문.[66]

〈그림 74〉 넷플릭스 도입 화면.[67]

수 있어요. 이러한 사례는 주로 제품 디자인에 사용되지만, 여러분이 사용하는 게임이나 앱에도 적용됩니다.

그럼, 미디어에서는 앞에서 본 문 디자인처럼 여러분의 행동에 영향을 줄 수 있는 것이 뭐가 있을까요? 간단한 예로, 여러분이 넷플릭스에 접속했는데 가장 먼저 큰 화면에 영상이 자동 재생됩니다(〈그림 74〉).

넷플릭스에서 보여주는 큰 영상은 그 주에 업로드된 영상이나, 많은 사람이 본 시리즈나 영화의 예고편입니다. 이 영상은 우리가 원하지 않아도 무조건 봐야 해요. 이러한 영향으로 여러분은 평소 관심 없었던 장르도 한 번쯤 클릭해서 보게 만듭니다. 이를 통해 여러분이 넷플릭스에서 좀 더 머무르면서 더 많은 영상을 보게끔 하려는 의도가 있어요. 또한 방송에서 자주 사용되는 '잠시 후'라는 표현이나 단독보도, 뉴스 헤드라인, QR코드도 여러분을 해당 채널에서 오래 머물게 하고 참여까지 유도하려고 해요. 그런데 더 적극적으로 보여주는 사례도 있어요.

"지금 XX명이 구매를 하셨구요~"

"마감임박입니다
이 사이즈는 몇 개 안남았어요~"

〈그림 75〉 TV의 홈쇼핑 방송 장면.[68]

그 사례는 홈쇼핑입니다(〈그림 75〉). '매진 임박', '마감 임박' 자막
을 보여주면서 여러분의 마음을 조급하게 만들고 구매로 이어지게 유
도합니다. 큰 글자와 함께 알람 시계까지 사용해서 시간이 얼마 남지
않았다는 것을 알려주며 빠른 선택을 하도록 만들어요(이제는 이렇게 할
수 없어요), 이러한 심리적 압박은 사람들이 빨리 결정하도록 만들겠죠.

그럼 A라는 제품이 있다고 가정해 볼게요. 이 제품은 엄청 비싸요.
어떻게 하면 많은 사람이 이걸 사고 싶게 만들까요? 그 방법은 마크 트
웨인의 소설 『톰 소여의 모험』에 나오는 톰 소여가 깨달은 내용에서 알
수 있어요.

"인간으로 하여금 뭔가를 갖고 싶도록 만들려면 그것을 손에 넣기
어렵게 만들면 된다."[69]

이처럼 소비자들은 '최소 수량', '한정판', '국내에서는 구하기 어
려운 제품'이라면 더욱 적극적으로 구매하려는 경향이 있어요.

〈그림 76〉 우리가 흔히 쓰는 스마트폰의 시작 화면.

추가로 우리가 스마트폰에서 자주 보게 되는 것도 확인해 볼까요? 〈그림 76〉은 제 스마트폰의 배경 화면과 인스타그램, 유튜브 앱을 실행한 모습입니다. 이 사진에서 여러분의 행동을 유도하는 부분이 어디인지 마치 '숨은 그림 찾기'처럼 한 번 찾아보세요.

여기 그림에서 내 행동을 유도하는 부분을 잘 찾았나요? 이 사진은 우리가 평소에 스마트폰에서 볼 수 있는 화면입니다. 왼쪽 사진부터 설명 할게요. 아이폰의 바탕화면에는 메일, 문자, 페이스북 아이콘 위에 숫자가 표시되어 있어요. 그리고 인스타그램 화면 상단에는 하트, 종이 비행기, 무지개색으로 표시된 동그라미 부분이 강조되어 있어요. 마지막으로 유튜브 화면에서는 종 모양과 구독에 빨간색으로 표시가 되어

〈그림 77〉 스마트폰 시작 화면에서 사용자가 자기도 모르게 행동하도록 유도하는 장치들.

있으며, '듀오링고' 다운로드 부분은 파란색으로 강조하고 있어요(〈그림 77〉).

　이러한 장치들을 통해 여러분의 행동을 유도할 수 있어요. 이것이 공익을 위해 사용되면 선한 영향력이 되겠지만, 대체로 상업적인 목적으로 많이 사용돼요. 그래서 여러분은 이러한 시스템을 만든 사람이 의도한 대로 '구독'과 '좋아요' 그리고 결제까지도 하게 될 수 있다는 것을 명심해야 해요. 때로는 내가 생각하지도 않은 것을 선택하게 만들 수도 있어요. 이런 사례들은 일상생활에서 자주 만날 수 있어요. 그렇기 때문에 여러분이 스스로 나의 행동을 유도하는 것을 구별할 수 있다면, 여러분은 좀 더 올바른 선택을 할 수 있을 거예요.

그럼 또 다른 사례를 살펴볼까요? 〈그림 78〉은 MBC 〈무한도전〉
어린이집 편에서 유재석 씨가 어린이집 선생님 역할을 하는 모습입니
다. 그날 어린이집 간식으로 삶은 계란이 나왔어요. 아이들은 작은 입
으로 삶은 계란을 아주 조금씩 먹고 있었는데, 옆에서 유재석 씨가 삶
은 계란을 한 입에 넣는 모습에 아이들은 모두 집중했어요.

〈그림 78〉 TV 예능 프로그램 〈무한도전〉 '어린이집' 편에서 삶은 계란을 먹는 아이들과 유재석 씨.[70]

그리고 잠시 후, 어떤 일이 벌어졌을까요? 아이들이 조금 전에 본
유재석 씨의 행동을 따라 하기 시작했어요. 아이들은 삶은 계란을 통째

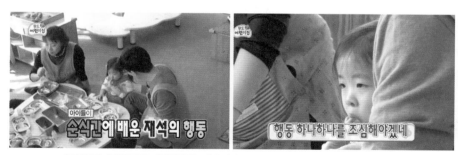

〈그림 79〉 〈무한도전〉 '어린이집' 편에서 유재석 씨 행동을 따라 하는 아이들.

로 입에 넣고는 볼이 빵빵해져 제대로 씹지 못하는 상황이 벌어졌어요. 이러한 모습을 본 유재석 씨는 이렇게 말했어요.

"(아이들 앞에서는)행동 하나하나를 조심해야겠네!"

이렇게 자기가 본 누군가의 행동을 따라 하는 이들은 〈무한도전〉 어린이집 편에 나온 아이들만은 아니에요. 많은 청소년이 방송에서 본 것을 따라 하는 경우가 발생하기 때문에 방송에서는 아래와 같이 "절대 따라 하지 마세요" 표시를 해야 합니다(〈그림 80〉). 왜냐면 방송에서 위험한 행동을 보여주는 경우는 해당 출연자가 오랜 시간 수련한 전문가이거나 특수효과, 또는 편집에 의해서만 가능한 행동이 많기 때문이에요. 그러니 이런 사실을 이해하지 못하고 그저 재미있어 보인다는 이유로 따라 하다가는 큰 사고로 이어질 수 있어요.

〈그림 80〉 '절대 따라 하지 마세요'란 경고 자막을 붙인 방송 장면.[71]

미디어를 연구하는 학자들이 미디어의 위험성을 언급할 때 드는 대표적 사례가 바로 앞에서 설명한 것처럼 미디어에서 본 것을 따라 해보고 싶어 하는 현상이에요.* 특히 미디어에서 자주 볼 수 있는 연예인이나 유명인의 잘못된 행동도 따라 하는 청소년들이 적지 않아요.**분명히 잘못된 행동임에도 불구하고, 무심코 그것을 따라 할 수 있다는 점을 기억해야 해요. 이 점이 매우 중요해요.

미디어는 우리의 선택과 생각에 큰 영향을 끼치는 강력한 도구입니다. 우리는 미디어를 통해 다양한 정보를 습득하고 즐거움도 느낄 수 있지만, 동시에 내가 보고 있는 것을 이해하고 분별할 수 있는 능력이 필요해요. 왜냐하면, 우리가 보는 미디어는 특정 목적이나 이익을 위해 '디자인'되었기 때문에, 우리는 비판적으로 생각하고 분석해야 해요. 만약 이러한 능력이 없다면, 미디어가 의도한 대로, 자신들의 목적을 이루기 위해 사전에 디자인된 대로 우리는 '슈퍼 이끌림' 당할 수 있어요. 이제는 다른 사람의 의도대로 쉽게 끌려가는 것이 아닌 우리 스스로를 보호하고 올바른 결정을 내릴 수 있도록 한 번 더 확인해 봐야겠죠.

●   모방성
●● 베르테르 효과werther effect: 유명한 사람이 죽거나, 특히 스스로 목숨을 끊었다는 소식을 들었을 때, 이를 보고 비슷한 행동을 하려는 사회적인 현상.

앞의 글을 읽고, 어떤 생각이 들었나요?
(간단한 문장이라도 좋으니, 여러분의 생각을 글로 써 보세요. 단, 완벽한 문장이 되도록 써 보세요)

앞의 글은 제가 앞에서 말한 3가지 작은 결론 중에 어느 것을 말하려고 했을까요? 여러분의 선택과 그 이유를 적어 보세요
(정답은 없으니, 여러분의 생각을 자유롭게 적어 보세요)
(①나를 알자(너 자신을 알라), ②의도 찾기(왜 만들어졌을까?),
③미디어에 기대지 않기)

질문의 힘

앞의 글을 읽고 난 후 떠오르는 질문을 5개 만들어 보세요.
질문의 대상은 글을 쓴 작가, 부모님, 친구 또는 자신이 될 수
있어요. (여러분의 질문을 통해 미디어를 보는 능력은 level up,
up, up!)

우리 똑같은 거 본 거 맞아?

동일한 상황이지만 서로 다른 경험을 해본 적이 있나요? 제가 계속해서 경험에 대해서 말하는 것은, 경험이 여러분의 선택에 영향이 미치기 때문이에요.

우리는 모두 한 번쯤은 뜨거운 주전자나 냄비에 데어 봤잖아요(〈그림 81〉). 이렇게 내가 직접적으로 겪은 경험을 통해서, 뜨거울 것 같은 물건에는 손을 안 댈 거예요. 이런 것처럼 내가 직접 경험해서 알고 있

〈그림 81〉 뜨거운 것의 위험성을 알리는 이미지와 경고판.

166

는 일에 대해서는 빠른 결정을 내릴 수 있어요.

하지만 내가 처음 겪어본 일에 대해서 빠른 선택을 할 수 있을까요? 무작정 하나만 선택하는 순간이 아니라면 이렇게 아무런 경험이 없는 순간의 선택은 마치 우리 뇌가 버퍼링이 걸린 것처럼 덜컹거리는 현상이 일어난다는 거죠. 그만큼 경험은 우리의 선택에 영향을 미칠 수 있어요.

여러분은 경험을 해보지 않은 부분에 대해서 결정을 해야 한다면 어떻게 할까요? 제 취미 중에 디제잉이 있습니다(〈그림 82〉). 아마도 여러분 중에는 여러 노래가 마치 한 곡처럼 느끼게 하거나, 다양한 효과로 기존에 알고 있던 곡을 재창조하는 디제잉을 경험해 본 사람이 많지 않을 테니 이걸 예로 들어 설명할게요.

여러분에게 1시간을 줄 테니 '디제잉 장비'를 구매하라고 한다면 여러분은 어떤 장비를 살 건가요? 아마도 인터넷을 검색할 수도 있고, 유튜브를 볼 수도 있어요. 또는 주변 친구들 중에 디제잉을 해본 사람

〈그림 82〉 기존 음악을 DJ만의 음악으로 만드는 디제잉 모습.

이 있다면 그 친구에게 물어볼 수도 있어요. 그런데 내가 디제잉에 대해 이론적인 내용도 알고, 실제 공연 경험도 있고, 디제잉 장비를 만드는 회사별로 어떤 차이점이 있는지 정확한 구분이 가능하다면 새로운 디제잉 장비를 구매하는 것에 어려움이 없을 거예요.

이렇듯 경험은 여러분의 선택에 영향을 주지만, 그 경험 역시 올바른 경험이 중요해요. 아직 여러분은 교육을 지속적으로 받아야 하는 시기이기 때문에 선택에 대해서 어려움이 있을 수 있어요. 만약에 우리가 올바른 정보가 아닌 잘못된 정보를 알게 되면 어떻게 될까요? 아마도 잘못된 정보를 그대로 믿고 신뢰하고 확신하는 현상이 나오겠죠.

그렇다면 좋은 정보, 올바른 정보를 얻으려면 우리는 어떻게 해야 할까요? 그건 바로 많은 전문가가 확인하고, 체크 해준 내용을 경험하는 방법이 있습니다. 이 방법은 여러분의 경험치를 업그레이드 해줄 수 있으며, 시간도 비용도 많이 줄여줄 수 있는 그런 경험을 제공할 거예요.

과연 어떤 것이 여러분에게 올바른 경험을 제공해 줄까요? 바로~ 책 읽기입니다. 책 읽기라는 말에 "뭐야 뻔한 거잖아"라고 말할 수도 있어요. 그런데 왜 이런 말을 하느냐면, 직접 체험하는 것도 중요하지만, 교육기관이나 전문가에게 확인된 책을 통해서 여러분의 경험치를 올리는 것이 중요하기 때문이에요. 여러분이 인터넷을 통해서 다양한 경험을 쌓을 수도 있지만, 그러한 것들은 부정확한 정보를 제공할 수 있고, 한 개인의 생각을 여러분은 전체의 생각으로 오해하게 만들 수도 있어요.

그러나 책은 달라요. 책은 짧은 시간에 만들어질 수 없고 책을 만드는 과정에서 지속적으로 사실 확인이 이루어져요. 그리고 책은 우리가 살아보지도 못한 석기시대나 조선 시대의 역사도 확인할 수 있고, 직접적인 실험을 하지 못해도 책을 통해서 실험 결과와 그 현상을 설명할 수 있는 이론도 알 수 있어요. 책을 읽는 짧은 시간 안에 우리는 집이든 학교든 놀이터든, 어디에서도 경험을 쌓을 수 있어요. 그리고 책을 읽는 동안, 마치 내가 그 이야기 속 세상을 직접 경험하는 것을 느낄 수 있어요.* 단순히 글을 읽고 이해하는 것만이 아닌 그 이상의 다양한 활동들이 책 읽기를 통해서 가능해요.[72]

책을 통한 경험에 대해서 조금 더 이야기해 볼게요.

물론 TV나 유튜브를 통해서도 다양한 경험을 쌓을 수도 있어요. 그러나 그것이 책과 같지 않다는 것을 〈그림 83〉이 보여주고 있어요. 그

〈그림 83〉 책 읽기를 통한 간접체험의 차이를 보여주는 그림.

● 체화된 경험embodied experience.

림에서는 왼쪽 아이는 영상을 보고 있는데, 그 그림자는 단순히 노트북의 밝기로 생긴 그림자로 나타나요. 그런데 책을 읽고 있는 오른쪽 아이는 어떤 그림자가 나오나요? 정말 다양한 것들이 나오고 있죠. 이러한 그림을 통해서 책을 통한 무한한 상상력을 그림자로 표현했어요.

그럼 이제는 좀 더 현실적인 이야기로 풀어볼게요. TV 프로그램은 제작비를 얼마나 들이는지에 따라 촬영 방법도 달라져요. 만약 제작비가 아주 많다면, 유명한 배우들을 캐스팅하고, 많은 히트작을 남긴 연출자와 작가를 섭외할 수도 있고, 유럽에서 오랜 기간 촬영도 가능하고, 전용 촬영장에서 오랜 시간 촬영이 가능하고, 특수효과 기법을 사용해서 더 멋진 장면도 표현도 할 수 있어요. 하지만 이렇게 제작비를 많이 사용한다고 해도 한계가 있기 마련입니다. 표현할 수 있는 것도 제한됩니다. 그래서 여러분이 보는 영상은 정해진 제작비 안에서 만들어진 영상이고, 정해진 기간 안에 만들어진 영상입니다.

하지만 책을 읽고, 여러분의 머릿속에 책의 스토리를 중심으로 영상을 만드는 것은 제작비의 제한이 없고, 시간과 공간도 순식간에 바뀔 수도 있죠. 영상 초반에는 미국에 갔다가 그다음에는 유럽에 가고 그다음은 달나라도 가고 마지막으로는 원시시대도 갈 수 있어요. 상상의 날개를 펼칠 수 있기 때문이죠.

그럼 저에게 있어서 무한 상상을 하게 했고, 아직도 생생하게 기억 남는 책을 소개할게요. 그 책은 바로, 『빨간 머리 앤Anne of Green Gables』입니다. 그런데 넷플릭스에서 '빨간 머리 앤'이 드라마로 나왔어요. 저는 그것을 볼까요? 안 볼까요?

저는 안 볼 거예요. 왜 안 볼까요? 저는 제가 책을 읽으면서 느꼈던 그리고 상상했던 '빨간 머리 앤'을 제 마음속에 간직하고 싶어요. 앤이 기차역에서 자신을 데리러 온 매튜 아저씨를 처음 만났을 때 기뻐하던 모습 그리고 앤이 녹색 지붕 집에서 살 수 없다는 사실을 알게 되었을 때의 그 슬픔, 그리고 앤이 베스트 프렌드인 다이애나를 다시 만날 수 있게 된 순간이 아직도 제 머릿속에는 생생히 남아있어요.

그런데, 제가 느꼈던 감동과 넷플릭스에서 만든 드라마를 안 보는 거랑 무슨 관계가 있는 걸까요? 넷플릭스에서 만든 '빨간 머리 앤'은 누구의 머릿속에 있던 것을 표현한 걸까요? 이건 이 드라마를 만든 연출자, 작가, 그리고 각본가가 상상한 앤을 표현한 거예요. 그건 아마도 저와는 같지 않을 거예요. 왜냐하면 각자의 해석이 다르기 때문입니다. 즉, 책은 다른 사람이 이미 만들어 놓은 영상이 아니라, 내가 상상하고 느끼는 나만의 특별한 이야기를 만날 수 있는 경험을 제공해 줍니다. 그래서 책은 우리가 살아보지 못한 다양한 세상을 안전하게 경험할 수 있게 하는 여러분의 좋은 짝꿍이 될 수 있습니다.

책 『다시, 책으로』에서는 책을 폭넓게 읽은 사람은 스스로 어떤 정보를 점검할 수 있는 자원이 많아지는 반면, 그렇지 않은 사람은 적용할 자원이 적어서 추론과 비판적 사고의 기초가 부실하기 때문에 가짜 뉴스와 불확실한 정보의 희생물로 전락하기 쉽다고 말해요. 그런데 더 안타까운 건 자신이 무엇을 모르는지도 알지 못한다고 합니다. 그래서 우리의 지식이 진화하려면 계속해서 배경지식이 추가되어야 하는데 그것이 바로 책 읽기라고 말합니다.[73] 즉 책을 통해서 여러분이 올바른 선택을 할 수 있도록 도움을 줄 수 있다는 것입니다.

〈그림 84〉는 러시아의 작곡가 라흐마니노프의 〈보칼리제〉를 첼로로 연주한 영상입니다. 사진 위의 연주자는 미샤 마이스키라는 유명한 첼리스트이고, 그 아래 있는 연주자는 미샤 마이스키의 제자인 장한나 씨입니다. 이 영상의 제목처럼 라흐마니노프의 같은 곡을 연주하지만 다른 느낌의 연주를 들을 수 있습니다. 왜 같은 곡인

〈그림 84〉 같은 곡 다른 느낌.[74]

데 다르게 연주할까요? 혹시 둘 중 하나가 잘못된 연주를 하는 걸까요? 스승인 미샤 마이스키가 제자인 장한나 씨의 연주를 듣고 "너는 잘못 연주하고 있는 거야!"라고 말할 수 있을까요?

조금 다르게 질문해 볼게요. "라흐마니노프의 〈보칼리제〉를 전 세계에서 가장 잘 표현하고 설명할 수 있는 사람은 누구일까요?" 그건 바로 〈보칼리제〉를 작곡한 라흐마니노프일 거예요. 그런데 이분은 지금 살아계시지 않아요. 그 때문에 같은 곡이지만 지휘자나 연주자에 따라서 다른 느낌으로 표현할 수 있어요. 왜냐고요? 연주자마다 라흐마니노프의 곡을 다르게 해석할 수 있기 때문이죠.

그러면 우리가 잘 듣고 있는 가요K-pop에서는 같은 곡을 다르게 사

용할 수 있을까요? 표절 같이 느껴질 수도 있지만, 원작자에게 허락을 받거나, 작곡가가 돌아가신 지 50년 또는 70년이 지난 경우에는 저작권 부분에서도 문제가 없는 곡들을 사용해서 음악을 만들 수 있어요. 그 대표적 음원이 클래식 곡입니다. 이러한 곡을 기준으로 새로운 노래로 만들 수도 있고, 일정 부분만 선율로 사용할 수가 있어요. 일정 부분만 가져오는 것을 샘플링이라고 불러요.

이러한 샘플링의 대표적 사례가 2022년에 발매된 아이브의 〈After LIKE〉입니다. 이 곡의 1절이 끝나고 나오는 간주 부분이 있어요. 이때 들리는 리듬은 미국의 글로리아 게이너가 부른 〈I Will Survive〉의 일정 부분을 샘플링했어요. 또 2022년에 발매된 블랙핑크의 〈Shut

아이브 〈After LIKE〉

Gloria Gaynor 〈I Will Survive〉

블랙핑크 〈Shut Down〉

파가니니 〈바이올린 협주곡 2번〉

〈그림 85〉 원곡을 샘플링한 노래들과 그 기본 음악들.[75]

Down〉 노래의 시작 부분에 나오는 선율은 파가니니의 〈바이올린 협주곡 2번〉을 샘플링했어요. 이렇게 같은 음악이지만 새롭게 재해석되고 또 다른 음악으로도 만들어질 수 있어요.

라흐마니노프의 〈보칼리제〉를 스승과 제자가 서로 다르게 해석해서 연주했듯이, 샘플링도 역시 작곡가별로 동일한 노래를 다르게 해석할 수 있어요. 그런데 이렇게 자신만의 해석을 할 수 있다는 것은 수많은 경험을 통해서 얻은 결과입니다. 연주자도, 작곡가도 다양한 경험을 쌓고 난 이후에 가능한 것이 바로 본인만의 해석입니다.

최근에 만난 학생들은 힙합을 매우 좋아합니다. 그래서 Mnet에서 방송하는 〈Show Me The Money〉를 자주 본다고 이야기합니다. 이렇게 좋아하는 영상을 자주 보게 되면 어떻게 되나요? 알고리즘이 작동하겠죠. 그래서 여러분에게 지속적으로 힙합 관련 노래를 보여줄 거예요. 이러한 상황에서 저는 학생들을 만날 때 이렇게 말하곤 합니다.

"나는 너희들이 다양한 음악을 접했으면 좋겠어."

단순히 자기가 힙합을 좋아하기 때문에 힙합만 듣는 것보다는 클래식도 듣고, 재즈도 들어보고, 올드 팝송도 들어본다면 음악의 세계와 생각이 넓어질 수 있어요. 만약 여러분 중에서 미래에 작곡가가 되고 싶은 사람이 있다면, 지금 설명한 샘플링 사례처럼 다양한 음악 경험을 쌓고 자신만의 해석을 할 수 있는 능력을 키웠으면 해요.

그런데 음악에만 샘플링이 있는 것이 아닙니다. 영화나 드라마에도 있어요. 여러분이 미래에 영화감독이 되었다고 생각해 봐요. 여러분이 영화를 만들고 있는데, 문득 이런 생각이 들었어요. '내가 중학생 때

〈그림 86〉 영화 〈라라랜드〉 속의 오마주 장면과 그 원작들.[76]

또는 고등학생 때 너무나도 재미있게 봤던 그 영화의 유명한 장면을 내 영화에 담고 싶다'라는 생각이 든다면, 그 영화를 만든 감독님에 대한 존경을 담아, 그 장면을 자신만의 스타일로 다시 연출할 수 있어요. 이 것을 '오마주hommage'라고 합니다.

2016년도 작품인 영화 〈라라랜드〉의 시작 부분에 많은 사람이 고속도로에서 춤추는 장면이 나와요. 이 장면은 영화 〈웨스트사이드 스토리〉의 장면을 표현한 거예요. 그리고 영화 〈라라랜드〉에서 남녀 주인공이 춤을 추는 모습은 영화 〈사랑은 비를 타고〉의 장면을 오마주했어요.

이러한 사례처럼 여러분의 많은 경험은 다양한 생각을 할 수 있고, 또 다르게 표현할 수 있는 나만의 재료가 될 수 있어요. 그렇기에 내가 좋아하는 것만 보는 것이 아닌 경험의 폭을 넓혔으면 해요. 그리고 다양한 경험을 그대로 받아들이는 것보다는 자신만의 것으로 바꿔서 나만의 해석으로 표현하는 것도 좋은 경험이 될 거라고 생각해요.

〈그림 87〉은 수학능력시험(수능) 다음 날 SNS에서 볼 수 있는 '수능 자릿값' 사진입니다. 수능시험이 무척 떨리는 순간임에도 불구하고, 수험생 중 일부는 자신이 시험을 치렀던 책상의 원래 주인에게 작은 선물을 주고 간다고 해요. 이것을 일명 수능 자릿값이라고 해요.

그렇다면 수능 다음 날 이 책상의 주인은 이 수능 자릿값 선물을 받고 어떤 느낌이 들었을까요? 아마도 슬며시 미소를 띠지 않았을까 싶

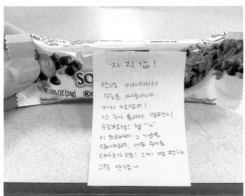

〈그림 87〉 수능 자릿값.[77]

습니다. 반면 '왜 먹다 남은 걸 주는 거야?'라고 화를 낼 수도 있어요. 다만 이것이 먹기 싫어서 버렸다는 의미보다는, 그들이 남긴 메시지를 통해서 그렇지 않다는 것을 알 수 있어요.

> "나는 수시 붙어서 맘 편히 수능봤당. 이 초코바에 그 기운을 담아났어. 너도 수시로 대학 가렴."

> "먹어도 되는 거야. 자리 잘 썼어. 덕분에 시험 잘 본 것 같아. 너도 기 받아 가!"

이러한 경험을 하게 되면 아직 수능을 보지 않은 학생이 막연하게 느꼈던 수능시험 부담감이 이전과는 전혀 다르게 느껴질 수 있어요. 또 '나도 수능 보고 동일하게 해줘야지'라고 생각할 수도 있어요. 이러한 작은 메시지를 받은 경험만으로도 이전과 다르게 바라볼 수 있는 생각과 마음을 열어줍니다.

어떠한 경험이든 그 경험을 기초로 여러분의 선택이 달라질 수 있어요. 그리고 많은 것을 배워야 하는 시기인 청소년 시기에 다양한 경험에 대한 기억을 많이 저장했으면 합니다. 그 경험과 기억들이 앞으로 여러분의 선택에 큰 도움이 될 것입니다.

앞의 글을 읽고, 어떤 생각이 들었나요?
(간단한 문장이라도 좋으니, 여러분의 생각을 글로 써 보세요. 단, 완벽한 문장이 되도록 써 보세요)

앞의 글은 제가 앞에서 말한 3가지 작은 결론 중에 어느 것을 말하려고 했을까요? 여러분의 선택과 그 이유를 적어 보세요
(정답은 없으니, 여러분의 생각을 자유롭게 적어 보세요)
(①나를 알자(너 자신을 알라), ②의도 찾기(왜 만들어졌을까?),
③미디어에 기대지 않기)

질문의 힘

앞의 글을 읽고 난 후 떠오르는 질문을 5개 만들어 보세요.
질문의 대상은 글을 쓴 작가, 부모님, 친구, 또는 자신이 될
수 있어요. (여러분의 질문을 통해 미디어를 보는 능력은 level up,
up, up!)

part 4

나보다 나를 더 잘 아는 것 같아

좋다 말았네

저는 초등학생 때 오락실을 너무 좋아했던 아이였습니다. 그 당시 '스트리트 파이터' 게임을 엄청 좋아했어요. 아주 멋진 기술을 사용할 실력은 안 되었지만, 일명 얍삽이 기술로 스트리트 파이터 게임의 끝판왕 바이슨을 만날 때도 있었어요. 그 순간 엄청 떨리고 긴장감이 흐르지만, 전투에 집중해서 끝판왕을 이기면 제가 선택한 캐릭터에 대한 짧은

〈그림 88〉
'스트리트 파이터'.[78]

엔딩 영상을 볼 수 있게 됩니다. 예를 들면 빨간 도복을 입은 켄Ken이 끝판왕을 이겼을 때는 그의 결혼식 영상을 볼 수 있습니다. 그 짧은 엔딩 영상을 보면서 승리의 기쁨을 만끽하기도 했어요.

당시, 오락실의 모든 게임에는 'Final stage'가 있었어요. 그래서 어떤 게임이든 오래 하다 보면 이기는 방법을 알게 됩니다. 또는 친구들을 통해서 그 방법을 알기도 해요. 그렇다 보니 어느 순간부터 게임의 뻔한 패턴을 알게 되었어요. 그러자 나와 격투를 하고 있는 게임 캐릭터가 너무 바보같이 느껴지면서 재미도 없어졌어요.

그리고 나서, '스타크래프트'와 '리니지'라는 게임을 만나게 됐어요. 기존 게임과는 뭔가 다른 게 느껴졌어요. 어떤 점이 달랐을까요? 끝판왕이 없다는 거였어요. 그리고 스토리가 뻔하지 않았어요. 매번 다른 상황을 펼쳐지기 때문에 그때마다 다른 재미가 있었어요.

그러면 여러분이 생각하기에 게임을 만드는 회사에서는 왜 '끝판왕'을 없애버린 걸까요? 여러 가지 이유가 있겠지만, 가장 큰 이유로는 게임하는 사람들을 '오래 머물게 하기' 위한 전략입니다. 이게 무슨 말이냐면, 게임이건 유튜브건 SNS건 이용자가 접속하면 그 안에서 오래 머물게 해야 합니다. 그래야만 그것을 운영하는 회사가 돈을 벌 수 있어요.

그렇다면 여러분에게 가장 잘 이해가 될 수 있는 '오래 머물게 하기'의 사례로는 무엇이 있을까요? 바로 알고리즘입니다.

알고리즘이 작동되면 여러분이 좋아할 만한 동영상을 지속적으로 보여주고, 인터넷에서는 여러분이 최근 검색한 것과 관련된 정보를 계속해서 보여줄 거예요. 그래서 알고리즘에 의해서 여러분은 좀 더 오랜 시간 동영상을 시청하고, 오랜 시간 인터넷에 접속하고, 때에 따라서는 생각지도 못한 돈을 쓰게 됩니다.

미국에서 구글은 검색을 통해서 진실을 말하게 하는 디지털 자백약 역할을 하고 있다고 해요.[79] 우리는 자백이라는 단어를 언제 쓸까요? 아마도 경찰서에 가서 잘못한 일을 말할 때, 자백한다고 해요. 그런데 왜 구글은 자백을 이끌어 낸다고 말할까요?

이해를 돕기 위해 국내 버전으로 바꿔서 말할게요. 만약 내가 운전을 하다가 과속 단속카메라에 찍힌 것 같아요. 그러면 어떤 행동을 할까요? 또는 내가 갑자기 특정 신체 부위가 아파요. 그러면 어떤 행동을 할까요? 또는 내가 나쁜 짓을 하고 집에 돌아왔어요. 그러면 어떤 행동을 할까요? 내 친구들 모두가 알고 있는 영어 Be동사를 나는 모르겠어요. 그러면 어떤 행동을 할까요?

제가 드린 4개의 질문에 공통으로 들어갈 행동은 무엇일까요? 대체로 네이버 지식in에서 물어보거나, 검색을 할 거예요. 창피해서 누구한테도 말 못 하는 것도 네이버에게 말할 수 있어요. 누구에게 대놓고 물어볼 수 없는 것도 네이버에게 말할 수 있어요. 그리고 내가 생각해도 나쁜 일이지만 네이버에게는 말할 수 있어요. 네이버는 여러분을 혼내지도 않고, 비난하지도 않고, 뭐라고 하지도 않고 친절하게 설명해 줘요. 그렇다 보니 여러분의 마음속 이야기를 다 꺼낼 수 있게 만들어요.

그럼 이런 상황에서 주의해야 할 점도 있는 걸 아나요? 이렇게 여러분이 경찰서에서 자신의 죄를 자백하듯이, 여러분의 정보를 술술 말하고 있는 거예요. 그리고 여러분의 개인정보는 모두 네이버의 데이터가 되는 거예요. 이러한 데이터는 여러분을 네이버에 더 오래 머무르게 할 수 있게 하는 아주 좋은 알고리즘 데이터가 될 수 있거든요.

2023년도에 나온 애플의 광고인 '개인정보 보호(대기실의 목소리 편)'를 보았나요? 이 광고에는 나의 건강 데이터를 누군가는 다 알고 있다는 것을 광고로 제작했어요. 여기에 이런 내레이션이 나옵니다.

내레이션　고질적인 치질에 시달리는 남자가 입장한다.

남자　(힐러리를 쳐다보며) 뭐라고요?

힐러리　저 아닌데요.

내레이션　(저 아닌데요)라고 말하는 힐러리의 오늘 걸음 수는 고작 347걸음

힐러리　오늘은 자전거를 타고 와서……

내레이션　오늘?

　　　　오늘부터 3일 안에 메리의 생리가 시작된다.

메리　어떻게 우리에 대해서 다 알고 있지?

내레이션　모르는 사이에 공유되는 건강 데이터. 덕분에 케빈의 두드러기도

　　　　알고 있지.

　　　　자!! 다음은 누구?

　　　　잠깐 손에 그거 뭐야? (아이폰 건강APP 보이고) 어, 안돼 안돼!

　　　　좋다 말았네!!

이 애플 광고에서 볼 수 있듯이, 여러분의 모든 건강 정보를 누군가

개인정보 보호. iPhone이니까.

iOS 12 이상 필요. Apple Watch는 iPhone 6 이후 모델 필요.

〈그림 89〉 아이폰의 '개인정보 보호' 광고.[80]

는 다 알고 있다는 겁니다. 많은 정보 중에서도 개인의 건강 데이터는 매우 중요한 정보입니다. 그런데 건강 정보만 알고 있는 걸까요? 아니겠죠. 거의 모든 정보가 노출되고 있다는 사실을 우리는 각종 뉴스와 구글, 페이스북, 아마존 등 빅테크 기업에서 근무했던 분들의 책을 통해서 알 수 있어요.

이 광고에서 말하듯 건강 데이터는 매우 중요한 개인정보입니다. 나의 건강상태, 내가 현재에 아픈 곳, 내가 과거에 아팠던 곳, 나의 몸에서 정기적으로 나타나는 현상, 내가 먹고 있는 약 등을, 나와 나를 진료해 준 의사 선생님을 제외한 다른 누군가가 알게 된다면 어떤 일이 펼쳐질까요? 몇 가지 예상되는 문제로는 신입사원 채용 중인 회사에서 입사예정자의 건강상태를 미리 파악할 수 있다면 과거에 아팠던 사람은 취업이 더 어려워질 수 있겠죠. 또는 부모님들이 여러분을 위해서 가입해 준 보험들이 있을 거예요. 보험사에서는 여러분이 많이 아프다면, 보험 가입을 거절할 수도 있어요. 심지어 범죄에 이용될 수도 있고,

누군가에게 협박을 당할 수도 있어요. 이처럼 개인의 건강 정보는 매우 중요해요. 그렇기 때문에 대통령의 건강상태는 국가기밀로 보호되고 있어요.[81]

매년 미국에서 열리는 CES 소비자 가전 전시회에서는 혁신적인 미래 기술들이 등장하고 있어요. 그중에서 지속적으로 개발되고 있는 분야가 바로 '헬스 케어Health-care' 부문입니다. 헬스 케어는 나의 건강 정보를 가지고 내가 아플 때 어떤 서비스를 받을 수 있고, 스스로 내 건강을 체크 할 수 있는 기술이에요. 이러한 헬스 케어 기술이 많이 발전하려면 어떤 정보가 필요할까요? 바로 많은 사람의 건강 정보 데이터가 필요해요. 많은 정보가 있어야만, 더 정확하고 신뢰할 수 있는 서비스를 제공할 수 있기 때문입니다. 그렇기에 헬스 케어 산업에 도전하는 기업은 많은 사람의 건강 데이터를 모으려고 할 거예요.

여러분이 생각하기에 본인의 건강 데이터는 소중한가요? 소중하다고 생각하면 아래의 말을 기억하세요.

"우리는 너에게 편리함을 줄 테니, 대신 너의 데이터를 가져갈게."

이제 이 글을 마무리하려고 해요. 우리는 매일 사용하는 검색 사이트(네이버, 구글), 유튜브, 틱톡 그리고 각종 앱을 통해서 계속해서 흔적-디지털 발자국-을 남기고 있어요. 그리고 여러분의 디지털 발자국은 기업들의 데이터가 되고, 그 데이터를 중심으로 기업들은 여러분을 좀 더 오랜 시간 머물 수 있도록 더 재미있고 흥미로운 것을 지속적으로 제공해 줄 거예요. 그리고 여러분 개개인에게 맞춤형으로 다가가기 위해 정교하게 변화할 거예요. 연세대 김병규 경영학 교수는 중독이 일상화된 시대, 중독이 쉬워진 시대, 중독에 빠진 사람이 많아진 시대, 즉, 호모 아딕투스(중독되는 인간)의 시대가 다가왔다고 말해요.[82] 중독은 마약만 있는 것이 아닙니다. 이제 여러분의 디지털 사용 습관을 스스로 확인하고, 체크 해야 합니다. 그리고 조절해야 합니다. 자기 조절을 시작하는 것이 디지털 중독 디자인에서 여러분을 자유롭게 해줄 거예요.

앞의 글을 읽고, 어떤 생각이 들었나요?
(간단한 문장이라도 좋으니, 여러분의 생각을 글로 써 보세요. 단, 완벽한 문장이 되도록 써 보세요)

앞의 글은 제가 앞에서 말한 3가지 작은 결론 중에 어느 것을 말하려고 했을까요? 여러분의 선택과 그 이유를 적어 보세요
(정답은 없으니, 여러분의 생각을 자유롭게 적어 보세요)
(①나를 알자(너 자신을 알라), ②의도 찾기(왜 만들어졌을까?),
③미디어에 기대지 않기)

질문의 힘

앞의 글을 읽고 난 후 떠오르는 질문을 5개 만들어 보세요.
질문의 대상은 글을 쓴 작가, 부모님, 친구, 또는 자신이 될
수 있어요. (여러분의 질문을 통해 미디어를 보는 능력은 level up,
up, up!)

넌 내게 모욕감을 줬어

"넌 나에게 모욕감을 줬어."

이 말은 영화 〈달콤한 인생〉에서 나온 유명한 대사입니다. 이병헌 배우가 이 영화 속에서 자신을 이유 없이 오랜 기간 괴롭혔던 보스인 김영철 배우에게 이렇게 말합니다.

이병헌   말해봐요. 저한테 왜 그랬어요?
김영철   넌 내게 모욕감을 줬어.

그럼, 김영철 배우가 말하는 모욕은 무슨 뜻일까요? 사전에선 모욕을 '깔보고 욕되게 하는 것'이라 풀이해 놓았어요. 또는 얕잡아 보이거나 부끄럽고 치욕스럽게 당할 때 느끼는 감정을 모욕감이라고 해요. 그럼, 이 말의 뜻에서 알 수 있듯이 누군가 나에게 너무나도 치명적인 상처를 주는 상황이에요. 이러한 모욕감은 자신에게 모욕감을 주는 대상에게 너무나도 큰 분노의 감정을 느끼게 할 거예요. 그런데 이러한 모욕감을 방송국 또는 유튜브 콘텐츠가 여러분에게 줄 수 있을까요?

바로 '악마의 편집'으로 여러분에게 모욕감을 줄 수 있어요. 〈그림 90〉을 자세히 보고 무엇이 보이고, 어떤 느낌이 드는지 말해 볼래요?

〈그림 90〉 미디어의 숙명.[83]

이 그림은 인터넷상에서 'It's media'라고 검색하면 나오는 이미지입니다. 이 그림은 미디어의 기능과 한계를 극단적으로 표현한 거예요. 그림의 위쪽을 보면 2명의 사람이 보입니다. 앞에 있는 사람은 두려움으로 도망가고 있어요. 그 뒤에는 칼을 든 사람이 쫓아가고 있어요. 이게 사건이고 현실입니다. 그런데 그림의 아래쪽에 있는 카메라에

비친 모습을 보죠. 카메라를 통해 보이는 모습은 앞에 있는 사람이 오히려 칼을 든 모습입니다. 그리고 뒤에 있는 사람은 칼을 쥐고 있는 모습은 나오지 않고 있어요. 왜 이 그림이 미디어를 표현하는 그림일까요? 여러분은 어떻게 생각하나요?

시청자와 독자가 보는 것은 카메라 렌즈를 통해서 촬영된 부분만 볼 수 있습니다. 360도 모든 풍경을 카메라에 담지 못해요(단, 360도 카메라가 있지만, 이것 역시 편집을 통해서 특정 부분만 선명하게 볼 수 있어요). 그렇기 때문에 우리는 카메라 감독에 의해서 선택된 장면만 보게 됩니다.

그럼 '악마의 편집'이라는 말이 자주 등장하는 경연 프로그램 사례로 설명해 볼게요. 이런 프로그램은 경연을 통해서 1등을 뽑는 프로그램이지만, 프로그램의 재미와 긴장감을 유지하기 위해서 참가자 개개인의 인터뷰 내용을 중간중간 삽입하고 있어요.

그럼, 사례를 통해서 설명할게요. 방송국에서 오승용 참가자를 30분 동안 인터뷰했어요. 과연 30분 동안 인터뷰한 내용이 방송에 모두 나갈까요? 그렇게 할 수 없겠죠. 길어야 1분 정도로 만들어질 거예요. 왜냐하면 방송이 지루하지 않게 만들려면 장면들이 짧게 짧게 넘어가야 해요. 그러다 보니 인터뷰 내용 중 많은 부분을 삭제하고 편집해야

A	B	C
저는 용기가 많이 없어요. 그래서 늘 이렇게 혼잣말을 해요	"내가 최고다"	알아요. 내가 최고가 아니라는 걸 알고 있지만, 나의 발전을 위해서 열심히 노력하고 있어요.

〈그림 91〉 인터뷰 내용

해요. 그 결과 참가자가 인터뷰한 내용과 전혀 다른 내용으로도 방송될 수도 있어요.

극단적인 예를 들면, 참가자 오승용이 말한 A, B, C 구간의 말이 있어요(〈그림 91〉). 하지만 인터뷰에 많은 시간을 들일 수 없기에 최대한 핵심 내용만 담아서 짧게 만들어야 하기에, A와 C를 삭제해서 시간을 대폭 줄여 볼게요(〈그림 92〉).

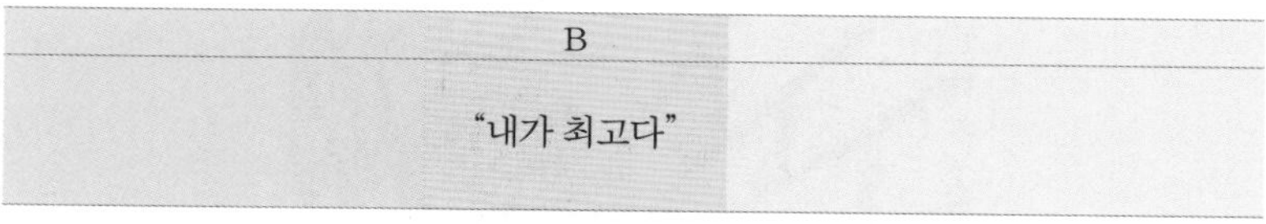

B	
"내가 최고다"	

〈그림 92〉 편집된 인터뷰 내용.

경연 프로그램에서 "내가 최고다"라는 말만 나갔다면 리얼리티 프로그램인 만큼 많은 사람이 오해할 수 있겠죠. 참가자 오승용의 인성에 대해서 말할 수 있고, "무슨 자신감이야?", "짜증 난다"와 같은 악플도 받을 수 있습니다. 그러나 여러분이 알고 있듯이 참가자 오승용은 이런 식의 말은 하지 않았어요. 자신의 부족함을 알고 있기에 스스로의 마음을 단단하게 할 다짐을 다르게 표현한 거죠. 이때 참가자 오승용은 이렇게 말할 거예요. "저, 악마의 편집 당했어요."

여러분은 이런 점을 생각해야 해요. 영상을 볼 때, 전체적인 내용과 설명 없이 몇 마디만 나온 것만 보고 확신을 해서는 안 됩니다. 그리고 영상에 나오는 자막도 확인해야 합니다. 영상에 보이는 인물이 직접 말하지 않은 내용이 아닌지, 연출자가 생각해서 만드는 자막이 아닌지 따져봐야 합니다.

이제 〈그림 93〉을 보죠. 앞에서 도망가는 캐릭터와 뒤에서 쫓아가는 캐릭터를 유심히 봐요. 그리고 이 두 캐릭터의 표정도 집중해서 봐요.

〈그림 93〉 미디어의 표현법을 보여주는 착시 현상.[84]

여러분이 보기에, 이 그림에서 보이는 상황은 어떤 것 같나요? 앞에 있는 캐릭터는 어떻고, 뒤에 있는 캐릭터는 어떤지 표정과 감정에 대해서 구체적으로 말해줄래요?

아마도 앞에 있는 캐릭터는 겁에 질려서 도망가는 느낌이고, 뒤에 있는 캐릭터는 무서운 표정으로 쫓아가는 상황으로 이해하지 않았을까 생각됩니다. 하지만 이 그림에서 보이는 두 캐릭터는 똑같은 그림을 복사해서 붙여넣은 거라면 믿어지나요? 분명 앞에 있는 캐릭터가 더 작게 보이고, 뒤에 있는 캐릭터가 더 크게 보이고, 표정도 완전히 다른데 어떻게 같냐고 반문하겠죠. 그래서 준비했습니다.

두 그림 옆에 자를 두고 길이를 재어볼게요. 약 5.25센티미터로 두 캐릭터가 같은 크기인 것이 확인되나요? 이 그림을 그린 저자도 이렇게 그린 이유를 책에서 설명했습니다. 왜 동일한 캐릭터인데 크기도 표정도 다르게 느껴질까? 그런 바로 상황을 통해서 가능했어요. 이 두 개의 캐릭터 주변에 배경을 봐주세요. 그러면 배경에 따라 같은 사물도

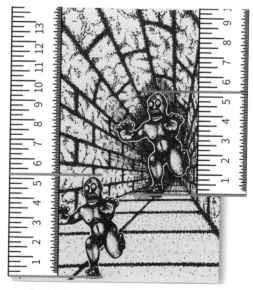

〈그림 93〉 착시 현상을 바로잡아 보여주는 그림.

다르게 느낄 수 있다는 사실을 확인할 수 있습니다. 우리가 위에서 이야기 나눈 악마 편집은 단순히 앞뒤 맥락을 잘라서 보여주는 것만이 아닙니다. 상황을 통해서 전혀 다른 의미의 해석이 가능하게 합니다. 제가 여러분에게 강조하고자 하는 것은 보이는 게 전부가 아니라는 점이에요. 이 말은 이 책에서 말하고자 하는 내용의 핵심 내용이기도 해요. 미디어는 모든 것을 보여줄 수 없어요. 그리고 미디어는 직접적으로 말하지 않고도, 상황을 통해서 사람들이 연출자의 의도대로 해석하도록 만드는 경우도 있어요.

미디어는 언제나 누군가에게 모욕감을 줄 수 있습니다. 그리고 미디어를 통해 내가 다른 사람에게 모욕감을 줄 수도 있어요. 올바른 이해와 비판적인 생각 없이 미디어에서 보이는 것을 그대로 믿게 된다면, 또는 여러분이 아무런 점검 없이 동영상을 업로드한다면, 본인 스스로가 누군가에게 크나큰 마음의 상처인 모욕감을 주는 사람이 될 수 있다는 것을 기억해야 해요.

영화 〈올드보이〉에 이런 대사가 나옵니다.

최민식 씨는 자신을 오랜 시간 감옥에 가둬 두게 한 유지태에게 이렇게 질문합니다. "왜 나를 가둬 두었어?". 그리고 유지태 씨는 이렇게 대답합니다.

"'왜 나를 가둬 두었어'가 아니라, '왜 나를 풀어준 거야'가 중요한 거야"

위의 대사처럼 동일한 상황도 질문에 따라서 다르게 보일 거예요.

이제 여러분이 미디어를 보면서 느끼는 감정에 대해 제가 꼭 하고 싶은 말을 영화 〈올드보이〉에 나온 대사를 빌려 마무리할게요.

　"'너무 멋져요', '너무 부러워요', '너무 화나요', '너무 슬퍼요'가 아니라 '왜 그렇게 만들었을까'가 중요한 거야."

앞의 글을 읽고, 어떤 생각이 들었나요?
(간단한 문장이라도 좋으니, 여러분의 생각을 글로 써 보세요. 단, 완벽한 문장이 되도록 써 보세요)

앞의 글은 제가 앞에서 말한 3가지 작은 결론 중에 어느 것을 말하려고 했을까요? 여러분의 선택과 그 이유를 적어 보세요
(정답은 없으니, 여러분의 생각을 자유롭게 적어 보세요)
(①나를 알자(너 자신을 알라), ②의도 찾기(왜 만들어졌을까?),
③미디어에 기대지 않기)

질문의 힘

앞의 글을 읽고 난 후 떠오르는 질문을 5개 만들어 보세요. 질문의 대상은 글을 쓴 작가, 부모님, 친구, 또는 자신이 될 수 있어요. (여러분의 질문을 통해 미디어를 보는 능력은 level up, up, up!)

세상에 공짜가 있을까?

〈싱 어게인〉, 〈슈퍼스타 K〉, 〈프로듀스 101〉과 같은 경연 프로그램에서 마지막으로 1위를 결정하기 위해 두 사람이 서 있습니다. 만약 최종 발표를 기다리는 두 후보자 중에 여러분이 응원하는 사람이 있다면 엄청 긴장되겠죠. 그렇게 최종 발표가 나오기를 떨리는 마음으로 기다리는 후보자와 여러분의 심장은 더 쿵쾅쿵쾅 뛰고 있겠죠. 이런 상황에서 긴장감을 극대화해주는 배경음악과 함께 MC는 이렇게 말합니다. "60초 후에 발표하겠습니다"

그러면 허탈하기도 하고, 화도 날 수도 있어요. 여러분은 이런 경험이 있나요? 만약 이렇게 무언가를 기다리면서 광고를 본 경험이 있다면 그 순간을 생각해 보세요. 여러분은 화면 오른쪽 상단에 보이는 60초 숫자가 점점 줄어드는 동안 빨리 광고가 끝나길 바라면서 그 자리를 떠나지 못했을 거예요.

지금 여러분이 겪은 이 상황은 의도된 상황이라는 점을 아나요? 바로 그 발표 전에 나오는 60초 시간이 여러분의 관심을 받을 수 있는 시간이라는 거예요. 평소에는 관심 없어 보지 않았던 광고도 지금 이 떨리는 발표 직전의 순간에는 보고 있다는 점입니다. 내가 잠시 화장실을 간 사이에 방송을 시작하면 어떡하지라는 마음으로 모든 광고를 볼 가능성이 매우 큽니다. 그렇다면 이 광고 가격은 어떨까요? 당연히 비싸겠죠.

왜죠? 왜 비쌀까요? 일단 동일한 광고라도 시간대에 따라서 그리고 중간광고인지 방송 시작과 끝에 나오는 광고인지에 따라서 가격이 달라져요. 그런데 앞에서 말한 경우는 최종 1등이 발표되는 결승전이라는 점과 대체로 경연 프로그램은 사람들이 많이 보는 시간대에 편성되었다는 점 그리고 여러분들이 유튜브에서처럼 광고를 '건너뛰기' 하지 못한다는 점 또 사람들이 집중해서 광고를 본다는 점 등의 이유 때문에 광고비가 비싸요.

그럼 세계에서 가장 비싼 광고는 뭘까요?

바로 미국의 미식축구 프로리그의 챔피언 결정전에 나오는 광고입니다. 이 경기를 '슈퍼볼'이라고 하는데, 이 경기는 전 세계가 주목하고 있고, 동시 시청자가 1억 명 정도가 된다고 해요. 게다가 슈퍼볼에서는 쉬는 시간에 유명한 가수들이 오직 이 경기를 위해서 만든 퍼포먼스를 보여주거나 너무나도 유명한 가수들이 콜라보 공연을 하는 등 평소에는 볼 수 없던 공연을 이날 볼 수 있습니다. 이렇게 전 세계인이 보는 NFL 슈퍼볼에서 30초 광고하는 데 얼마를 지불해야 할까요? 딱 30

<그림 94> 미국 미식축구 프로리그 챔피언 결정전 슈퍼볼 경기.[85]

초입니다. 여러분이 대기업 회장님이라면 30초 광고에 얼마까지 쓸 것 같나요? 한번 말해 보세요.^^

2023년 기준으로 미국 달러로 30초 광고비용이 700만 달러라고 합니다.[86] 감이 안 오죠. 1달러 환율을 1,330원으로 적용한다면 약 93억 1천만 원입니다. 정말 말도 안 되는 금액이라고 생각되겠지만, 슈퍼볼 시간대의 방송 광고의 자리는 빠른 시간 안에 완판된다고 해요.

그런데 왜 많은 기업은 이렇게 비싼 광고료를 내면서 방송하려고 할까요? 바로 앞에서 설명한 것처럼 많은 사람이 시청하고 있다는 것과 광고가 끝나자 마자 유명 연예인들의 화려한 공연이 시작되기 때문에 시청자들은 온전히 광고를 볼 수밖에 없어요.

그럼 비싼 광고비가 책정될 수 있게 영향을 주는 것은 또 뭐가 있을까요? 바로 시청률입니다. 시청률은 마치 시험을 보고 난 뒤 받는 성적

표와도 같습니다. 성적표라고 말하는 이유는 이 시청률 지표가 광고료에 큰 영향력을 미치고 있기 때문입니다. 예를 들어 설명해 볼게요. 토요일 저녁 8시 방송 프로그램 중 시청률 1위 하는 프로그램과 100위를 차지한 프로그램에 동일한 자동차 광고가 방송됩니다. 동일한 자동차 광고이며, 동일한 30초 광고입니다. 완전히 같은 광고입니다. 그런데 광고료는 영 딴판입니다.

이것은 바로 시청률 차이 때문입니다. 시청률이 높다는 것은 많은 사람이 본다는 뜻이고, 따라서 비싼 광고료가 책정됩니다. 그런데 이렇게 비싼 광고와 여러분과는 아무런 상관이 없는 것 같나요? 아니요. 상관이 있습니다. 여러분이 무료 또는 저렴한 가격으로 영상을 보면, 그만큼 여러분은 광고를 '소비'해 줘야 합니다.

너무 돈 이야기만 하는 것 같아 조금 미안해지는데, 그래도 이 말은 꼭 하고 싶어요. 여러분이 무료로 본다고 생각하는 영상들은 모두, 여러분이 알지도 못하는 사이에 돈이 아닌 다른 것으로 지불되고 있다는 점을 기억해야 해요.

무슨 말인지 이해가 안 된다고요? 유튜브를 사례로 들어볼게요. 유튜브에는 아주 많은 콘텐츠가 있어요. 아마도 여러분이 좋아하는 유튜버가 한 명 정도는 있을 거라 생각해요. 그런데 유튜브를 보는 데 돈을 내나요? 일반적으로 많은 사람은 무료로 보고 있어요. 무료로 보고 있다면 우리는 반드시 봐야 하는 게 뭐가 있을까요? 바로 광고를 중간중간 봐야 합니다. 유튜브에서 한참 재미있게 보고 있는데 흐름을 끊듯이 광고가 여러 번 나와서 짜증 났던 경험이 있을 거예요. 그래서 이렇게 짜증 나는 광고를 안 보려면 어떻게 하면 될까요? 바로 돈을 내면 됩니다. 유튜브에서는 메인 화면 및 각종 광고를 통해서 유튜브 프리미엄을 신청하라고 지속적으로 알려주고 있습니다. 그래도 "나는 유튜브 프리미엄 안 쓸 거야, 어차피 공짜인데"라고 말할 수 있어요. 그런데 돈을 내지 않으면 여러분은 다른 걸 줘야 해요. 뭘 줘야 할까요?

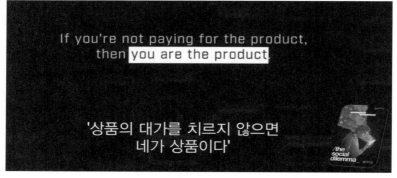

〈그림 95〉 정보화 사회의 폐해를 다룬 다큐멘터리 〈소셜 딜레마〉.[87]

〈그림 95〉는 넷플릭스에서 제작한 〈소셜 딜레마〉라는 다큐멘터리의 한 장면입니다. 〈소셜 딜레마〉는 인스타그램, 페이스북, 트위터, 구글, 유튜브 등 여러분이 자주 사용하는 SNS와 앱을 운영하는 사람들과 그 시스템을 만든 사람들의 인터뷰로 만들어졌어요. 이들은 하나같이 본인 자식들에게는 각종 SNS와 앱을 사용하지 않도록 하겠다고 말해요. 스스로 만들고 운영하는 사람들조차 이렇게 말하는 것은 그것들이 청소년들에게는 매우 위험하다는 증거라고 할 수 있어요. 그리고 이 프

로그램에서 이런 말도 해요. **"상품의 대가를 치르지 않으면 네가 상품이다."**

이건 또 무슨 의미일까요? 앞에서 어떤 콘텐츠를 무료로 보면 여러분은 무언가를 줘야 한다고 했던 게 바로 이것을 의미합니다. 즉, 여러분이 영상을 무료로 보게 해주는 대신 여러분의 관심을 가져가겠다는 내용입니다. 여러분이 좋아하는 것, 여러분이 구매할 것 같은 물건, 여러분이 필요로 하는 외국어 공부 등 다양한 광고를 보여줄 거예요. 그러던 중에 여러분이 평소와 다르게 '건너뛰기'를 하지 않는 광고, 평소보다 오래 보는 광고, 여러분이 클릭한 광고는 여러분의 관심을 유튜브에 알려주는 것이기도 합니다. 이러한 여러분의 관심이 상품이 되어 여러분을 대신해서 돈을 내주고 있다고 생각하면 어떤 느낌이 드나요?

관심은 소비로 이어져요.[88] 이러한 이유로 상품의 대가를 치르지 않으면 여러분이 상품이라는 말을 하는 거예요. 그런데, 이거와 비슷한 것을 어디서 많이 들어본 것 같은데⋯⋯뭘까요? 바로 알고리즘입니다. 이러한 알고리즘이 더욱 정교하게 만들어지기 위해서는 여러분을 더 자세히 알려고 노력할 거예요. 그러기 위해서 끊임없이 여러분들의 관심을 수집할 거예요. 여러분이 무료라고 생각하는 그 방식을 통해서요.

연구 결과 다른 사람에게 나의 요구를 받아들이게 하는 과학적 방법이 있어요. 그 이름이 너무 재미있어요. '문간에 발 밀어 넣기Foot in the door'입니다. 이건 누군가 문을 살짝 열어준다면 먼저 발부터 넣잖아요. 그것을 의미하는 말이에요. 일단 발부터 들여놓게 된다면 조금씩 조금씩 더 더 들어가서 결국 몸까지 들어간다는 뜻입니다. 이것은 아주 작은 부탁을 들어주면 큰 부탁도 들어줄 수 있다는 거예요.[89] 이 말처럼 물건을 팔 때 직접적으로 "이 물건 사세요"라고 말하는 것보다는, "시식 좀 하고 가세요", "경품 받아 가세요", "한 달간 무료" 등 여러분이 아주 조금 열어둔 마음의 문에 순간 발이 훅~ 들어와 버리면 나중에 더 큰 부탁도 들어줄 수 있는 거예요. 이러한 이론을 통해서 오늘도 여러분 마음에 일단 발부터 넣으려는 각종 시도가 있을 거예요. 그렇기 때문에, 비용을 지불하지 않는 공짜나 무료라는 것은 곧, 여러분의 관심을 얻으려는 의도가 숨겨져 있을 수 있어요.

제가 어릴 적 주변 어른들에게 이런 말을 자주 들었습니다. "세상에 공짜는 없다."

여러분은 어떻게 생각하나요?

앞의 글을 읽고, 어떤 생각이 들었나요?
(간단한 문장이라도 좋으니, 여러분의 생각을 글로 써 보세요. 단, 완벽한 문장이 되도록 써 보세요)

앞의 글은 제가 앞에서 말한 3가지 작은 결론 중에 어느 것을 말하려고 했을까요? 여러분의 선택과 그 이유를 적어 보세요
(정답은 없으니, 여러분의 생각을 자유롭게 적어 보세요)
(①나를 알자(너 자신을 알라), ②의도 찾기(왜 만들어졌을까?),
③미디어에 기대지 않기)

質문의 힘

앞의 글을 읽고 난 후 떠오르는 질문을 5개 만들어 보세요.
질문의 대상은 글을 쓴 작가, 부모님, 친구, 또는 자신이 될
수 있어요. (여러분의 질문을 통해 미디어를 보는 능력은 level up,
up, up!)

AI에 익숙해지기 전에

작가이자 교수인 유발 하라리가 쓴 『사피엔스』라는 베스트셀러를 아나
요? 이 책은 꽤 두껍지만, 2023년 1월 기준으로 115만 부가 판매되었
어요.[90]

이러한 인기로 인해 출간 10주년
을 맞아 특별 기념판도 만들어졌어
요(〈그림 96〉). 저도 이 특별 기념판을
가지고 있는데요. 책의 맨 앞장에 쓰
여 있는 '출간 10주년 기념사' 부분
을 읽고 깜짝 놀랐습니다.

유발 하라리 작가는 특별 기념판
을 위해 작성한 서문의 마지막에 아
래와 같이 말합니다.

〈그림 96〉 베스트셀러 『사피엔스』
출간 10주년 특별 기념판 표지.[91]

"위 글은 나, 유발 하라리가 쓴 것이 아니다."[92]

이 특별 기념판의 서문은 AI가 작성한 것이었어요. 저는 이 글을 읽는 순간, 머릿속이 하얗게 변하는 것 같았어요. 많은 사람이 인상 깊게 읽은 책의 출간 10주년 기념사가 AI에 의해 작성되었을 줄은 전혀 상상하지 못했기 때문이죠. 아마도 작가는 현대 사회의 변화 속에서 AI가 우리 사회에 어떻게 활용되고 있는지 그리고 AI가 우리 주변에 얼마나 가까이 있는지를 알려주고 싶었던 것 같아요. 저의 이러한 경험에서 보듯, 많은 미디어에서는 AI가 우리 사회에 어떻게 활용되고 있는지 그리고 AI의 엄청난 능력에 대해서 매일 수많은 기사가 나와요.

여러분은 AI를 생각하면 어떤 것이 떠오르나요? 무인 자동차가 생각날 수도 있고, 로봇을 생각할 수도 있고, 챗GPT를 생각할 수도 있어요. 그러면 여러분의 부모님들이 여러분 나이였을 때, AI에 대해 어떤 생각을 했을까요? 그때는 챗GPT도 없었고, 자율주행차는 미술 시간에 그리는 먼 미래의 모습이었어요. 그 때문에 대체로 인간형 로봇과 함께하는 삶을 상상했을 거예요. 왜냐하면 한 번도 경험해 보지 못한 세계이기 때문에 그나마 경험한 것이 영화나 드라마에서 보여주는 AI의 모습으로 주로 인간형 로봇이 사용되었기 때문이에요. 즉 이건 미디어가 심어준 이미지겠죠.

〈그림 97〉은 1984년도에 나온 영화 〈터미네이터〉의 포스터입니다. 이 영화의 줄거리를 간단히 설명하면 착한 인간형 로봇과 인류를 파괴하기 위해 온 나쁜 인간형 로봇이 싸우는 이야기입니다. 결말은 뻔

〈그림 97〉 영화 〈터미네이터〉 시리즈의 포스터.[93]

하지만, 착한 인간형 로봇이 승리하는 단순한 스토리입니다. 그러나 이 영화는 당시 사람들에게 미래를 상상할 수 있도록 만들어준 작품이었어요. 그래서 많은 사람이 영화관을 찾았고, 1편 흥행에 따라서 곧이어 〈터미네이터 2〉가 개봉되었어요. 2편에서는 로봇에게도 감정이 있다는 새로운 측면이 강조되면서 로봇도 우리 가족이 될 수 있다는 내용이 추가되었어요. 단순한 쇳덩어리가 아닌 가족이 될 수 있다는 점이 부각되었죠. 그래서 〈터미네이터 1〉과 〈터미네이터 2〉의 포스터만으로도 대략적인 내용을 짐작할 수 있을 겁니다.

영화를 통해 우리는 현재 기술로는 불가능한 상황들을 상상할 수 있어요. 자동차가 날 수 있고, 달과 화성에 여행가는 모습과 같은 새로운 경험을 상상해 볼 수 있게 되었어요. 또한, 영화는 로봇의 세계를 다

루면서 AI라는 새로운 용어를 관
객들에게 알려주기도 했어요. 생
소한 용어인 AI라는 말은 미디어
를 통해 점차 많은 이에게 알려지
기 시작했어요. 그 중요한 발판이
된 것이 바로 스티븐 스필버그 감
독의 2001년 영화 〈A.I.〉라는 영화
였습니다. 이 영화에서는 AI가 단
순한 로봇이 아니라 사람처럼 생
각하고 때론 감정까지도 느낄 수
있는 로봇이며, 가족이 될 수도 있

〈그림 98〉 인공지능에 관한 인식을
바꿔준 영화 〈A.I.〉의 포스터.[94]

다는 점을 관객들에게 인식시켜 줬어요. 이 영화의 영향으로 AI에 대한
관심이 커졌고, AI 관련 연구도 미디어를 통해 알려지기 시작했어요.

2024년 현재의 기준으로 보면 이미 많은 사람이 AI에 대해 알고 있
고, 해당 기술을 활용하는 서비스를 이용하고 있어요. 영화 〈A.I.〉에서
도 표현되지 못한 일들이 2024년에는 여럿 일어나고 있고 매해 획기적
인 서비스들이 나오고 있어요. 제가 살고 있는 강릉에는 2022년부터 〈
그림 99〉에 보이는 자율주행차가 운행되고 있어요. 이 자율주행차의 시
험 운행이 시작됐을 때, 운전하는 사람도 없이 차가 움직이는 모습이 너
무 놀라웠어요. 그래서 저 역시 자율주행차를 만나게 되면 신기해서 사
진도 찍었어요. 그런데 벌써 2년 이상 보고 있으니 너무나도 익숙한 광
경이 되었어요. 그래서 이제는 신기해 보이지도 않아요.

〈그림 99〉 강릉에서 운영되고 있는 자율주행 자동차.[95]

　그런데, 2022년 11월에 또 한 번에 놀라운 일이 생겼어요. 마치 친구에게 문자를 보내듯 내가 원하는 것을 편하게 물어보면, 그것에 대한 정보와 함께 논리적으로 답변해 주고 간단한 스토리만 입력하면 그것을 바탕으로 짧은 소설도 만들어줍니다. 이 서비스는 바로 챗GPT입니다. 그런데 이 서비스만으로도 너무나 대단하다고 느낄 수 있지만, 2024년 1월에는 간단한 내용만 입력하면 고퀄리티의 영상을 뚝딱 만

〈그림 100〉 글자만으로 영상 생성이 가능하다는 소식을 전하는 TV 뉴스.[96]

들어주는 서비스도 공개되었어요(〈그림 100〉).

이제는 AI 기술을 통해 손쉽게 영상을 만들 수 있고, 마치 진짜 같은 사진도 만들 수 있어요. 하지만 이렇게 편리하게 만드는 건 좋은데……이렇게 쉽게 영상을 만든다면, 앞으로 뉴스나 SNS에 올라오는 사진과 영상이 진짜라는 걸 어떻게 알 수 있을까요? 과거에는 어설프게 그려졌거나, 특정 신체 부위가 이상하게 그려진 것을 보고 '딱 봐도 이건 AI로 만든 거구나'라고 인식할 수 있었는데 앞으로는 확인하기가 더 어려울 거예요. 업로드한 사람이 AI를 사용했다고 말하기 전까지는요. 그래서 메타에서는 2024년 안에 AI를 활용해서 만든 것을 감지할 수 있는 기능도 만들 예정이고, AI로 만든 이미지에는 〈그림 101〉과 같이 꼬리표를 달 예정이라고 발표했어요.

AI 기술은 매우 빠르게 변화하고 있어요. 이러한 흐름을 보면서 AI

〈그림 101〉 AI 생성 이미지에 '꼬리표'를 붙일 계획임을 알리는 뉴스.[97]

서비스나 AI가 반영된 제품의 놀라운 기능에 신기함을 느낄 수도 있지만, 제가 강릉에서 자주 보는 자율주행 자동차처럼 당연하게 받아들일 수도 있다는 점을 주목하려고 해요. AI를 통해 멋진 영상을 만들고, 그림을 그리고, 노래를 만들며, 숙제까지도 완벽하게 하는 등 모든 것이 가능할지 모르지만, 이러한 결과물을 만드는 것은 AI의 능력이지 여러분의 능력은 아니라는 점을 기억해야 합니다. 특히 AI 서비스를 무한정 신뢰해서는 안 됩니다. 우리가 앞서 네이버의 파파고나 구글 번역 앱에 대해 이야기했듯이, 최종 결정은 여러분이 내려야 합니다. 여러분이 올바른 선택을 하기 위해서는 비판적으로 바라봐야 합니다.

AI가 제공한 수많은 정보와 다양하고 멋있게 만들어진 결과물이라도 비판 없이 그대로 받아들이지 말고 한 번 더 생각하는 노력이 필요해요. 특히, 여러분의 믿음에 완벽하게 맞아떨어지는 어떤 결과물을 봤을 때는 더더욱 의심해 봐야 합니다. 왜냐면, 정확하고 자세하게 보일수록 커다란 착각으로 이어질 수 있어요.[98] 정확하게 보이는 것조차도 한 번 더 확인하는 노력이 필요해요.

AI의 전문가이자 과학자인 배순민 연구원은 KBS1 〈이슈 Pick, 쌤과 함께〉에서 이런 말을 했어요(〈그림 102〉).

"AI가 가지고 있는 데이터에는 이 세상의 편견이 그대로 들어가 있어요.…… AI는 옳고 그름의 판단 자체가 데이터에 있는 것이 옳은 줄 알고, 데이터에 없는 것이 나쁜 줄 압니다. 그래서 이런 결과들이 나왔을 때, 결국 그것을 검증하는 것은 사람이 해야 해요. 그래서 우리에게는 'AI 가 왜

〈그림 102〉 AI가 만든 결과물 검증을 강조하는 전문가.[99]

이렇게 판단을 했지?'라고 판단할 수 있는 능력이 필요합니다."

다시 말하면, AI는 인간이 오랜 시간 만들어 낸 엄청난 양의 데이터를 학습했기 때문에, 인간이 가지고 있는 편견과 차별을 AI 역시 가지고 있어요. 그래서 AI는 자신이 학습하지 못한 것은, 틀린 거라고 판단할 수 있어요. 그렇기 때문에 여러분은 AI가 알려 준 결과물조차도 "한 번 더 확인해 볼게"라는 점검이 필요해요.

앞으로 펼쳐질 AI 시대에 우리는 어떻게 살아가야 할지 깊이 고민해야 할 시기입니다. 유발 하라리 작가의 『사피엔스』의 출간 10주년 기념판 서문에 이런 말이 나옵니다.

"인간은 다른 어떤 동물보다 더 많은 사실을 알지만, 또한 더 많은 허구를 믿는다."

여러분들은 이제 AI를 통해 더 많은 정보를 알 수 있지만, 더 많은 허구를 만날 수도 있어요. 이제 여러분에게 다시 묻겠습니다.

"AI를 생각하면 어떤 것이 떠오르나요? 그리고 AI 시대에는 여러분에게 필요한 능력은 무엇인가요?"

앞의 글을 읽고, 어떤 생각이 들었나요?
(간단한 문장이라도 좋으니, 여러분의 생각을 글로 써 보세요. 단, 완벽
한 문장이 되도록 써 보세요)

앞의 글은 제가 앞에서 말한 3가지 작은 결론 중에 어느 것을
말하려고 했을까요? 여러분의 선택과 그 이유를 적어 보세요
(정답은 없으니, 여러분의 생각을 자유롭게 적어 보세요)
(①나를 알자(너 자신을 알라), ②의도 찾기(왜 만들어졌을까?),
③미디어에 기대지 않기)

하 하 하 낯설다... 나

질문의 힘

앞의 글을 읽고 난 후 떠오르는 질문을 5개 만들어 보세요.
질문의 대상은 글을 쓴 작가, 부모님, 친구, 또는 자신이 될
수 있어요. (여러분의 질문을 통해 미디어를 보는 능력은 level up,
up, up!)

part 5

아는 것만으로 충분하지 않아.
행동이 중요해

미디어 현명하게 즐기기

여러분은 야구를 좋아하나요? 혹시 좋아하지 않더라도 미국의 메이저 리그는 들어봤을 거라 생각해요. 메이저 리그는 세계에서 야구를 가장 잘하는 선수들이 모여 경기하기에, 야구를 배우는 학생들에게는 메이저 리그가 꿈의 무대이자 목표가 될 수 있어요. 그러면 세계에서 야구 잘하는 사람들이 모여있는 메이저 리그에서는 선수들이 실수를 할까요? 당연히 선수들도 사람이기에 실수는 할 수 있겠죠.

야구 용어 중에 '본헤드 플레이'가 있어요. '본헤드BoneHead'는 말 그대로 멍청이라는 뜻입니다. 이러한 본헤드 플레이, 즉 멍청한 행동은 유명한 선수들도 종종 하곤 합니다. 메이저 리그에서 활동하는 선수들은 대체로 어릴 때부터 야구를 전문적으로 배우고 연습한 선수들이지만 그들조차도 말도 안 되는 본헤드 플레이를 할 때가 있어요.

야구를 전문적으로 하는 선수들도 가끔은 말도 안 되는 실수를 저

〈그림 103〉 미국 메이저 리그에서 벌어진 본헤드 플레이 예.[100]

지르는데, 미디어를 통해 이전에 경험하지 못한 새로운 상황이 우리에게 온다면 우리는 어떻게 해야 할까요?

여러분이 이 페이지까지 오기 전까지 우리는 다양한 미디어의 상황과 기술이 발전한 상황에 대해 이야기를 나누었어요. 그리고 미디어가 가지고 있는 위험성을 알려주기 위해 다양한 상황을 설명했지만, 결국 이 말을 하려고 상황과 설명을 아주 길~게 한 겁니다.

"우리에게 필요한 건 바로 미디어 리터러시 능력입니다."

미디어를 보거나, 듣거나, 읽을 때도 아무런 비판 없이 그대로 받아들이면 안 된다는 것을 알려주고 싶었어요. 그것을 설명하기 위해 앞에서 다양한 사례로 설명했어요. 미디어 리터러시 능력은 바로 여러분과 여러분의 주변 사람들을 위해서 너무나도 중요한 능력입니다. 그럼, 미디어 리터러시를 생활에 접목하기 위해 꼭 기억해야 할 사항을 네 가지로 정리해 볼게요.

첫째로 여러분 자신이 미디어라는 사실을 기억해야 합니다.

여러분의 말을 통해 메시지가 전달되기도 하고, 문자메시지나 DM을 통해서도 전달됩니다. 때로는 여러분 자신이 만든 영상이나 콘텐츠를 통해 여러분의 의견을 전달할 수도 있어요. 그럴 때 내 의견을 누군가에게 전달하기 전 꼭 확인해야 해요. 혹시, 내가 알고 있는 것이, 내가 말하고자 하는 것이 틀린 것은 없는지 확인할 필요가 있어요. 방송국에서는 완성된 프로그램을 방송하기 전에 '심의'라는 과정과 자체 시사회를 거칩니다. 이런 과정을 통해 한 번 더 생각하는 시간을 가진 뒤 많은 사람에게 공개합니다.

둘째로 미디어는 여러분을 오래 머물도록 유도할 거예요.

손주를 아끼고 사랑하는 할머니와 할아버지는 맛있다고, 한 가지 반찬만 계속 먹고 있는 손주에게 "골고루 먹어야 해"라고 말씀하시겠죠. 그건 여러분을 아끼시기 때문일 거예요. 그러나 알고리즘은 여러분이 좋아하는 특정 반찬만 먹게 할 거예요. 왜 그럴까요? 여러분이 좋아하는 것을 계속해서 제공해야 좀 더 오래 머무르게 할 수 있기 때문입니다. 2024년 미국 의회 청문회에서는 미국에서 많이 사용하는 5대 SNS(메타, 스냅챗, 틱톡, 트위터, 디스코드) 대표들이 증인석에 앉아서 의원들의 질문에 대답해야 했어요. 이 SNS 대표들이 온 이유는 그들이 제공하는 서비스가 청소년을 위험에 빠지게 하면서도, 그 위험성에 대해서는 알려주지 않았기 때문입니다. 즉 SNS를 사용하는 청소년들의 건강을 생각한 것이 아닌, 그들이 좋아하는 것만 계속 주었다는 이유 때문이었어요.

셋째, "행복의 반대말은 불행이 아니라 비교"라는 것을 기억하세요.

SNS를 이용하다 보면 멋진 집에 사는 사람, 자주 해외여행 가는 사람, 멋진 옷을 입는 사람, 매일 맛있는 음식을 먹는 사람들을 자주 볼 수 있어요. 이러한 게시물을 계속해서 보다 보면 자신과 그 사람을 비교하게 될 거예요. 미국의 심리학자 레온 페스팅거는 사람들은 자신의 능력과 의견을 남들과 비교하려는 마음을 가지고 있다고 말해요.* 그래서 나보다 더 좋은 삶을 사는 사람과 나를 비교하기도 하고, 반대로 나보다 못한 사람들과 나를 비교한다고 해요. 하지만 나를 위해서는, 나를 더 사랑하기 위해서는 의도적으로 비교하지 않으려고 노력해야 해요. 왜냐하면 미술관에서 큐레이터가 의도를 가지고 보여주고 싶은 것만 전시하는 것처럼, SNS에서는 자신들이 보여주고 싶은 것만, 보여준

〈그림 104〉 장난으로 벌어진 사건을 알리는 TV 뉴스.[101]

●   사회비교이론.

다는 것을 꼭 기억해야 해요.[102]

마지막으로, 여러분은 조금 더 신중해야 합니다.

〈그림 104〉는 2023년 8월 6일 KBS 〈뉴스 9〉의 한 장면입니다. 이 날 앵커는 이런 말을 했어요.

"지금까지 살인 예고 글로 검거된 사람만 50명이 넘습니다.
장난이었다라는 게 이 사람들 대체적인 주장이지만
국민들은 공포에 시달려야 했고 경찰은 치안력을 낭비해서
결국 처벌은 장난이 아닌 수준으로 받게 됐습니다."

이 뉴스 리포트가 만들어진 배경은 온라인상에서 일반 시민들을 대상으로 무차별적 범죄를 예고하는 듯한 글이 많이 작성되었기 때문입니다. 이 보도에 따르면, 범죄 예고 글을 작성하고 검거된 8명 중 6명이

〈그림 105〉 장난에 대한 처벌은 장난이 아니다.[103]

229

10대라고 합니다. 그리고 그들은 대체로 이렇게 말한다고 해요(〈그림 105〉).

"장난으로", "재미로", "잘 몰라서" 그랬어요.

장난이라 말하면 모든 문제가 해결될까요? 누군가의 장난 때문에 많은 사람이 피해를 입었고, 시민들을 공포에 떨게 만들었기 때문에, 앵커 멘트에서도 확인할 수 있듯이 결국 처벌은 장난이 아닌 수준으로 받을 수 있습니다. 그래서 여러분은 온라인에서 글을 쓸 때 신중해야 합니다. 여러분이 장난으로 여기더라도, 상대방이 그렇게 받아들이지 않는다면 그건 분명 잘못된 일이 될 수 있습니다. 혹시 단톡방에서, 게임에서, SNS에서 장난이라 생각해서 친구를 놀린 적이 있나요? 친구 사이라도 상대방이 느낄 감정을 고려해야 합니다. 이러한 장난은 누군가에게는 상처가 될 수 있어요.

'사이버 불링'이라는 말을 아나요? 이 용어를 모르더라도 괜찮아요. 간단히 말하면, 온라인상에서 장난으로 한 행동이라고 말하면서 특정인을 괴롭히는 것을 의미해요. 이것은 사이버 폭력의 한 형태입니다. 폭력은 단순히 누군가를 직접 때리는 것만이 아니라는 것을 명심해야 해요. 여러분의 장난이 실제로는 장난이 아닌 상황으로 이어질 수도 있다는 점을 기억해야 합니다.

여러분은 미디어입니다. 그러니 책임감을 가지고 신중하게 다른 사람들에게 메시지를 전달해야 합니다. 우리의 말과 행동이 다른 사람들에게 어떤 영향을 미칠지 항상 고려해야 해요. 그리고 여러분의 온라인 활동은 계속해서 흔적을 남긴다는 점도 꼭 기억하세요.

이제는 여러분과 인사할 시간이 된 것 같아요. 이 페이지까지 오느라 정말 수고 많았어요. 어려운 내용일 수도 있고, 이해나 공감이 안 되는 부분도 있을 거예요. 하지만 제가 말하고자 하는 내용은 명확해요. 미디어를 볼 때 '한 번 더 생각하자'를 잊지 말았으면 좋겠어요. 그리고 빠른 결정을 잠시 멈추고, 나의 자동 선택 모드를 잠시 멈추고, 여러분의 생각을 집중할 수 있는 TIME OUT의 시간을 잘 사용하길 바라요. 그리고 미디어를 볼 때, 이것이 어떤 의미인지, 혹시 내가 알고 있는 것이 부정확한 건 아닌지, 또는 내가 누군가의 말을 있는 그대로 기대고 있는 건 아닌지에 대해 점검해보자는 거였어요. 저는 수업을 마칠 때 꼭 이 명언을 하면서 마칩니다.

독일의 작가이자 철학자인 괴테는 이런 말을 했어요.

아는 것만으로 충분하지 않다
아는 것을 실천하는 일이 중요하다
의지만으로 충분하지 않다
행동이 중요하다

여러분은 이제 미디어를 볼 때 그대로 받아들이면 안 된다는 사실을 알았어요. 괴테의 명언 마지막 부분이 뭐라고 되어있나요? 뭐가 중요하다고 하나요? 맞아요. **행동이 중요해요.** 미디어 리터러시는 이론이 아니라 능력입니다. 행동으로 이어져야만 미디어 리터러시가 가능합니다. 아무리 좋은 선생님을 만나고 많은 것을 배웠다고 해도 실제로 사용하지 않으면 소용없습니다. 운전면허증을 땄다고 해도 실제 도로 운전을 자주 하지 않으면 운전 자체를 꺼릴 수밖에 없어요. 아무리 동영상과 책에서 몸짱 되는 방법을 봤어도 여러분이 직접 운동하지 않으면 변하는 건 없습니다.

이제 여러분도 미디어 리터러시(한 번 확인해 볼게)를 아는 것만으로는 충분하지 않아요. 그리고 "앞으로는 확인해야지"라는 의지만으로도 충분하지 않아요. 일상생활에서 이러한 것을 행동으로 옮겨야 해요.

여러분 한 명 한 명이 미디어라는 걸 잘 생각하고 모든 사람에게 좋은 메시지를 전달하는 GOOD 미디어가 되길 바랍니다.

그리고 이제 '미디어 리터러시'가 뭔지 알았다고 생각되면, 2권에서 다시 만나요. 저는 여러분과 또 다른 사례를 통해서 다시 만나고 싶어요. 영화 〈터미네이터〉의 유명한 대사로 인사를 대신할게요.

"I'll be back!"

앞의 글을 읽고, 어떤 생각이 들었나요?
(간단한 문장이라도 좋으니, 여러분의 생각을 글로 써 보세요. 단, 완벽한 문장이 되도록 써 보세요)

앞의 글은 제가 앞에서 말한 3가지 작은 결론 중에 어느 것을 말하려고 했을까요? 여러분의 선택과 그 이유를 적어 보세요
(정답은 없으니, 여러분의 생각을 자유롭게 적어 보세요)
(①나를 알자(너 자신을 알라), ②의도 찾기(왜 만들어졌을까?),
③미디어에 기대지 않기)

질문의 힘

앞의 글을 읽고 난 후 떠오르는 질문을 5개 만들어 보세요. 질문의 대상은 글을 쓴 작가, 부모님, 친구, 또는 자신에게 할 수 있어요. (여러분의 질문을 통해 미디어를 보는 능력은 level up, up, up!)

감사의 글

이 책이 출간되기까지 도움을 주신 모든 분들께 진심으로 감사드립니다. 항상 저를 응원해 주고, 다양한 경험을 할 수 있도록 아낌없이 지원해 준 아내 임신애에게도 깊은 감사의 마음을 전합니다. 또한 저희 부부의 멘토이자 Soul 친구가 되어주신 고인숙, 이진석 선생님께도 감사드립니다. 캐나다에서 저를 자랑스럽게 생각해 주시는 죠앤Joanne 선생님께도 진심으로 감사드려요.

이 책이 세상에 나올 수 있도록 도와주신 인물과사상의 강준우 대표님과 이태준 부장님께 깊이 감사드리며, 저에게 미디어와 문화 콘텐츠에 대한 이론적 배경을 알려주신 서울미디어대학원대학교의 정회경 교수님과 한양대학교의 고운기, 김영재, 박기수, 김치호, 이진 교수님께도 감사드립니다.

바쁜 회사 업무 중에도 제가 미디어 리터러시 교육을 지속할 수 있도록 지원해 주신 복진선, 권혁일, 장두희 국장님과 김세경, 황인중 부장님, 그리고 강원 전역을 안전하게 데려다주신 기사 선배님들께도 진심으로 감사드립니다. 그리고 강원 전역의 학생들을 만날 수 있게 도와주신 강원특별자치도교육청의 김현진, 김지영, 최경희, 권성아 장학사님께도 감사드립니다.

　강원특별자치도 전역에서 만났던 많은 선생님과 학생들에게도 이 자리를 빌려 감사의 인사를 드립니다. 그들의 피드백을 통해 이 교육이 얼마나 중요한지 깨닫게 되었습니다. 마지막으로 이 모든 것을 가능하게 해주신 하나님과 저를 낳아주신 김순자 어머니께 감사드립니다. 이 책을 읽고 여러분이 올바른 미디어 리터러시 능력을 갖추게 된다면, 그것이야말로 저에게 가장 큰 기쁨이 될 것입니다.

주

프롤로그

1   이미지 출처 wikimedia commons. Tsutomu Takasu.

2   이미지 출처: http://www.hungryboarder.com/index.php?mid=
    Rnews&document_srl=50141938, https://befrend.tistory com/807

3   이미지 출처: https://blog.naver.com/yebinjoohan/221500832429

4   이미지 출처: 영화 〈블랙 팬서〉 캡처.

5   『클리어 씽킹』(셰인 패리시 지음, 알에이치코리아), 96쪽.

6   이미지 출처: Imagine Your Korea 유튜브 캡처 (https://www.youtube.
    com/watch?v=3P1CnWl62lk)

7   이미지 출처: haticexenes 틱톡 캡처 (https://www.tiktok.com/@
    haticexenes/video/7286172116146310432)

8   이미지 출처: https://www.yna.co.kr/view/PYH20220425152600013
    https://blog.naver.com/penny1001/222720425682
    http://m.wsobi.com/news/articleView.html?idxno=205663

9   『유시민의 글쓰기 특강』(유시민 지음, 생각의 길), 190~191쪽.

Part 1

10 이미지 출처: https://kimtschang-yeul.jeju.go.kr

11 『생각에 관한 생각』(대니얼 카너먼 지음, 김영사), 75쪽.

12 『생각에 관한 생각』(대니얼 카너먼 지음, 김영사), 47쪽.

13 이미지 출처: openAI 유튜브 캡처.

14 이미지 출처:『(주)월간미술』홈페이지.

15 이미지 출처: 미국 온라인 커뮤니티 레딧 캡처.

16 이미지 출처: jason michael allen 페이스북 캡처

17 이미지 출처: https://www.joongang.co.kr/article/25202223

18 이미지 출처: https://inside.ytn.co.kr/news/view.php?sort=3&id=387

19 이미지 출처: KBS 다큐 캡처.

20 이미지 출처 wikimedia commons. 앨런 윌슨.

21 https://www.earthrangers.com/EN/CA/risk/polar-bears-have-clear-hair-so-why-do-they-look-white/

22 이미지 원작 출처: https://www.casuwon.or.kr/journal/jubo/view/49?mode=a&page=73

23 『소비자의 숨은 심리를 읽어라』(제랄드 잘트먼, 21세기북스), 131쪽.

24 『소비자의 숨은 심리를 읽어라』(제랄드 잘트먼, 21세기북스), 80쪽.

25 이미지 출처: https://ko.wikipedia.org/wiki/헤르만_에빙하우스 / https://brunch.co.kr/@dkwnsdnjs/137

26 『소비자의 숨은 심리를 읽어라』(제랄드 잘트먼 지음, 21세기북스), 95쪽.

27 『기억의 뇌과학』(리사 제노바 지음, 웅진지식하우스), 113~115쪽.

28 『엄청나게 똑똑하고 아주 가끔 엉뚱한 뇌 이야기』(딘 버넷 지음, 미래의 창), 97쪽.

29 이미지 출처:『기억의 뇌과학』(리사 제노바 지음, 웅진지식하우스), 47쪽.

30 이미지 출처: 아델 인스타그램.

31 이미지 출처: https://blog.naver.com/lhd22n/222655124226
    https://blog.naver.com/sunmetoo/222648560920

32 『멈추지 못하는 사람들』(애텀 알터 지음, 부키), 181쪽.

33 『오리지널스』(애덤 그랜트 지음, 한국경제신문), 183쪽.

Part 2

34 이미지 출처: https://www.joongang.co.kr/article/25038816#home

35 이미지 출처: 교보문고 캡쳐.

36 이미지 출처: 카카오톡 선물하기 캡쳐.

37 『상식 밖의 경제학』(댄 애리얼리 지음, 청림출판), 71쪽.

38 『생각에 관한 생각』(대니얼 카너먼 지음, 김영사), 131쪽.

39 이미지 출처: https://blog.naver.com/yeonmij/223071603637

40 이미지 출처: 릴스 lee_glass.mom,
   동영상 주소: https://www.instagram.com/reel/CwsLwcyrp-8/?igsh=
   c2ljdzExNGx4dGF6

41 이미지 출처: http://jjaltoon.gallery/?p=1069

42 『멈추지 못하는 사람들』(애덤 알터 지음, 부키), 161쪽.

43 이미지 출처: 릴스lee_seongae_.

44 이미지 출처: 쿠팡플레이 캡쳐.

45 『클리어 씽킹』(셰인 패리시 지음, 알에이치코리아), 84~174쪽.

46 이미지 출처: https://n.news.naver.com/mnews/article/020/0003530310

47 https://imnews.imbc.com/replay/2023/nwtoday/article/6540904_
   36207.html

48 이미지 출처: 틱톡 쿠키 커플.

49 이미지 출처: 네이버 사전 캡쳐.

49-1 이미지 출처: JTBC 〈나의 해방 일지〉 캡쳐

50 이미지 출처: 인스타그램 pureheave.

51 이미지 출처: https://news.sbs.co.kr/news/endPage.do?news_id=
   N1006783706,
   https://www.youtube.com/watch?v=e9ZusMrRnEE

52 이미지 출처: https://blog.naver.com/styleonme_/220873618690

53 이미지 출처: https://www.joongang.co.kr/article/25083276#home

54 이미지 출처: 틱톡 검색화면 캡쳐, 틱톡(aiworld83) 캡쳐.

55 『생각에 관한 생각』(대니얼 카너먼 지음, 김영사), 70쪽.

Part 3

56   이미지 출처: https://www.wikitree.co.kr/articles/860403
57   이미지 출처: 공정거래위원회(챔프스터디의 부당한 광고행위 제재, 2023년 6
       월 27일 보도자료).
58   이미지 출처: KBS뉴스.
59   출처: 대한민국 법원 홈페이지 대국민 서비스.
60   이미지 출처: https://www.bbc.com/korean/news-51102576 / 페이스북:
       월간디자인
61   이미지 출처: MBC 〈라디오 스타〉, 네이버 검색화면 캡처,
62   이미지 출처: https://www.apnews.kr/news/userArticlePhoto.html
       https://news.kbs.co.kr/news/pc/view/view.do?ncd=5241163
63   이미지 출처: KBS, MBC, SBS 홈페이지
64   이미지 출처: MBC〈라디오 스타〉 캡처
65   이미지 출처: 유튜브 '1분만' 캡처.
66. 이미지 출처: https://zrr.kr/koCG
67   이미지 출처: 넷플릭스
68   이미지 출처: https://www.mk.co.kr/news/society/7739573,
       https://tv.nate.com/program/clips/27766
69   『상식 밖의 경제학』(댄 애리얼리 지음, 청림출판), 57쪽.
70   이미지 출처: MBC 〈무한도전〉 캡처.
71   이미지 출처: https://www.sportsq.co.kr/news/articleView.
       html?idxno=403714
72   『다시, 어떻게 읽을 것인가』(나오미 배런, 어크로스), 52쪽.
73   『다시, 책으로』(매리언 울프 지음, 어크로스), 97쪽.
74   이미지 출처 : Classic_K 캡처
75   이미지 출처: 아이브(스타쉽 엔터테인먼트 홈페이지)
       Gloria Gaynor(https://blog.naver.com/andj202/222863824604)
       블랙핑크(YG엔터테인먼트 홈페이지)
       파가니니(https://blog.naver.com/paga0513/ 220246388955)
76   이미지 출처: 영화 〈라라랜드〉 캡처.
       영화 〈웨스트사이드 스토리〉(https://blog.naver.com/10sunmusa/

220266347386)

영화 〈사랑은 비를 타고〉(https://www.amazon.com/Singin-Rain-Gene-Kelly/dp/B00004RF98)

77 이미지 출처 : https://news.nate.com/view/20171126n12357

Part 4

78 이미지 출처: https://www.gametoc.co.kr/news/articleView.html?idxno=48734

79 『모두 거짓말을 한다』(세스 스티븐스 다비도위츠 지음, 더퀘스트), 142쪽.

80 이미지 출처: 애플 광고 캡처.

81 근거: https://www.yna.co.kr/view/AKR20220128181900502

82 『호모 아딕투스』(김병규 지음, 다산북스), 46쪽.

83 이미지 출처: https://blog.naver.com/kjm1022/220397927126

84 이미지 출처: 『마음의 시각』(로저 셰퍼드 지음, 동아출판사), 55쪽.

85 이미지 출처: NFL 홈페이지.

86 근거: https://www.mediatoday.co.kr/news/articleView.html?idxno=315737

87 이미지 출처: 넷플릭스 〈소셜 딜레마〉 캡처

88 『호모 아딕투스』(김병규 지음, 다산북스), 74쪽.

89 『엄청나게 똑똑하고 아주 가끔 엉뚱한 뇌 이야기』(딘 버넷 지음, 미래의 창), 340쪽.

90 『사피엔스』 특별 기념판에 대한 출판사 홍보 글 인용.

91 이미지 출처: 교보문고.

92 『사피엔스』(유발 하라리 지음, 김영사), 9쪽.

93 이미지 출처: https://news.nate.com/view/20150622n07724
https://extmovie.com/movietalk/50099526

94 이미지 출처: https://namu.wiki/w/A.I.

95 이미지 출처: https://n.news.naver.com/mnews/article/005/0001624225

97 기사 출처: https://www.yna.co.kr/view/AKR20240207005400075?section=international/all

98 『우리가 운명이라고 불렀던 것들』(슈테판 클라인 지음, 포레스트북스), 218쪽.

99   이미지 출처: KBS 〈이슈 PICK 쌤과 함께〉 캡처.

Part 5

100   이미지 출처: https://m.yna.co.kr/view/AKR20220526045200007
101   이미지 출처: KBS 뉴스 캡처.
103   이미지 출처: KBS 뉴스 캡처.

위험한 미디어,
안전한 문해력
© 오승용, 2024

초판 1쇄 2024년 11월 13일 찍음
초판 1쇄 2024년 11월 27일 펴냄

지은이 | 오승용
펴낸이 | 강준우
인쇄·제본 | 지경사문화

펴낸곳 | 인물과사상사
출판등록 | 제17-204호 1998년 3월 11일

주소 | (04037) 서울시 마포구 양화로7길 6-16 서교제일빌딩 3층
전화 | 02-325-6364
팩스 | 02-474-1413

www.inmul.co.kr | insa@inmul.co.kr

ISBN 978-89-5906-777-0 43300

값 17,000원